D1867904

Zeitgeschichte(n)

Das Bundeskanzleramt in Berlin

An einem Ort mit Geschichte

Matthias Hannemann

Stiftung
Haus der Geschichte der Bundesrepublik Deutschland

Die Beauftragte der Bundesregierung für Kultur und Medien

Vorwort

„In den Zelten 21a" lautete die Berliner Adresse der jüdischen Familie Goslar, bevor sie 1933 vor den Nationalsozialisten in die Niederlande floh. Hans Goslar, ehemaliger Pressechef des preußischen Staatsministeriums, starb 1945 im Konzentrationslager Bergen-Belsen. Ihm und seiner Ehefrau sind zwei Stolpersteine gewidmet, die am 9. Juni 2015 an ihrem letzten Berliner Wohnort – in unmittelbarer Nähe des heutigen Bundeskanzleramtes – verlegt wurden. Das Schicksal dieser Familie, die vor ihrer Flucht vor den Nationalsozialisten dort gewohnt hatte, wo heute das Parlaments- und Regierungsviertel beheimatet ist, weckt Interesse an der Geschichte des Orts: Haben sich der Reichstag mit seiner gläsernen Kuppel und das Bundeskanzleramt inzwischen als Wahrzeichen unserer Hauptstadt etabliert, so sind die historischen Wurzeln der Gegend am Spreebogen wenig präsent. Eine Gesamtdarstellung zur Geschichte des Gebiets, das einst die Kroll-Oper und die Siegessäule beheimatete, aber auch den preußischen Generalstab und das Reichsministerium des Innern, lag bislang in dieser Form nicht vor.

Zur verantwortungsvollen Gestaltung unserer Gegenwart und Zukunft müssen wir uns unserer Vergangenheit bewusst sein und das Terrain kennen, auf dem wir uns bewegen. Die Stiftung Haus der Geschichte der Bundesrepublik Deutschland, die auch im ehemaligen Bonner Regierungsviertel die Geschichte der Demokratie lebendig vermittelt, hat die Historie des Orts, der heute das Zentrum politischer Entscheidungen in Deutschland ist, erforscht und für ein breites Publikum allgemein verständlich aufbereitet.

Für das große Engagement, mit dem der ebenso informative wie unterhaltsam zu lesende Band „Das Bundeskanzleramt in Berlin. An einem Ort mit Geschichte" realisiert wurde, bedanke ich mich herzlich bei allen Beteiligten.

Peter Altmaier MdB
Chef des Bundeskanzleramtes

Das Bundeskanzleramt im Herbstlicht, von der Moltkebrücke aus fotografiert.

Einleitung

Die Bauten beider Regierungsviertel der Bundesrepublik Deutschland – das Bonner Bundesviertel und der Berliner Spreebogen – gehören zu den herausragenden Zeugnissen bundesdeutscher Nachkriegsgeschichte. Sie erinnern an entscheidende Etappen unserer jüngeren Geschichte: Im Regierungsviertel in Bonn konstituierte und entwickelte sich unsere Demokratie nach dem Zweiten Weltkrieg; das Berliner Kanzleramt ist der zentrale Ort, an dem deutsche Politik in der Gegenwart gestaltet wird – in enger Sichtbeziehung zum Reichstagsgebäude, dem Sitz des Parlaments.

Setzten Politiker und Architekten in Bonn auf Funktionalität und Nüchternheit, verzichteten sie lange Zeit auf den Neubau repräsentativer Gebäude, steht das Berliner Regierungsviertel am Spreebogen für bewusste Repräsentation der Bundesrepublik und symbolisch für das wiedervereinigte Deutschland.

Auf Basis ausgedehnter Recherchen schaut der Autor des vorliegenden Bands, Dr. Matthias Hannemann, zurück bis in die Anfänge des 19. Jahrhunderts, als jener Ort, an dem sich heute die Schaltzentrale der politischen Macht in Deutschland befindet, noch außerhalb der Stadtmauern Berlins lag. Reich illustriert gelingt dem vorliegenden Band ein ebenso wissenschaftlich fundierter wie facettenreicher Blick zurück auf die Geschichte des Spreebogens.

Die Wandlungsfähigkeit des Orts fasziniert. Gesamtkomposition und Bebauung änderten sich in den vergangenen nahezu zwei Jahrhunderten mehrfach signifikant. Mit den Bauten von Parlament und Regierung entstand nach der deutschen Wiedervereinigung die aktuelle städtebauliche Lösung, in der das Kanzleramt einen Eckpfeiler bildet.

Prof. Dr. Hans Walter Hütter
Präsident der Stiftung
Haus der Geschichte
der Bundesrepublik Deutschland

Aufnahme des Spreebogens mit dem Bundeskanzleramt und der Schweizer Botschaft davor. Direkt hinter dem Kanzleramt befindet sich die ehemalige Kongresshalle, heute Haus der Kulturen der Welt, im Hintergrund die Siegessäule, Fotografie von 2009.

Inhalt

Durch das Übereinanderlegen der drei Kartenausschnitte von 1831/1836, 1905 sowie 2017 sind die Veränderungen und die Kontinuitäten in der stadtplanerischen Entwicklung des Spreebogens zu erkennen.

1831/1836

Auf dem „Preußischen Urmesstischblatt" Berlins von 1831/1836 sind der Spreebogen und der Tiergarten vor den Toren der Stadt Berlin noch nahezu unbebaut. Deutlich zu erkennen sind die „Zelte" und der „Exercier Platz".

1905

Der Pharus-Plan von Berlin stammt aus dem Jahr 1905. Auffällig sind die vielen neuen Straßenzüge im Spreebogen und die eingezeichneten Sehenswürdigkeiten wie das Reichstagsgebäude und die Siegessäule auf dem Königsplatz.

2017

Der Hauptstadtplan Berlin der Adlerschmidt GmbH von 2017 ist eine gebäudegenaue Reliefkarte, die Standorte von Parlament und Regierung, Botschaften und Kultureinrichtungen dokumentiert.

Pulv. M.
Thurm
Wachthaus
Thiergarten
Artillerie Bezirk
Pulv. Mühle
Kgl. H.Z.P.
H.P.
Am Unterbaum.
Pulv. M.
Damen Bad
Zelte
Bellevue
Exercier Platz
Circus
Brandenburger Thor
Rousseaus Insel
Schulgarten
Potsdamer Thor
Thiergarten Strasse
Potsdamer Str.
Holzjäger
Bade Anstalt
Land.
Schöneberger Wiesen.

NW
Platz
Lehrter Bhf.
Invaliden
Seidlitz
Kaserne des 2. G. Ulanen Rgts.
Charité
Humboldt Hafen
Alexander Ufer
Alt Moabit
Freilade
Zoll Bhf
Spree
Spree Weg
Lüneburger
Kronprinzen
In den Zelten
Königs Platz
Sieges Säule
Bismrk. Dkm.
Simson S.
Sommer S.
Pariser Pl.
Brandenb. Tor
Unter D
Chaussee
Kleiner Stern
Grosser Stern
Charlottenburger
Belle Vue
Schloss Park Bellevue
Bhf. Bellevue
Thiergarten
Sieges Allee
Königgrätzer Str.
Hof Jäger
Wilhelm
Behren
Voss
Leipzi Ge
Potsdamer Pl.
Potsdamer Bhf.
Kaiserhof
Prnz. Albrecht S.
Lützow
Schöneberger
Königin Augusta
Hohenzollern S.
Hildebrand S.
W
Neue Wilhelm S.
Luisen
Marien
Dorotheen
Schiffbauer
Reichstags Ufer
Bhf. Fried
Lehrter Bhf.
Tattersall
Moltke
Kolonial Mus.
Bismrk.
Holsteiner
Berliner
Brücken Al.
Lichtenstein Allee
Rauch
Hitzig
Korneliuş
Karlsbad
Anhalt
Bernburger
Keith

NW
W
UNTER
CHAU
SSEE
ALT MOABIT
Invaliden
LEIPZIGER
Thiergarten
Lützow
Freilade

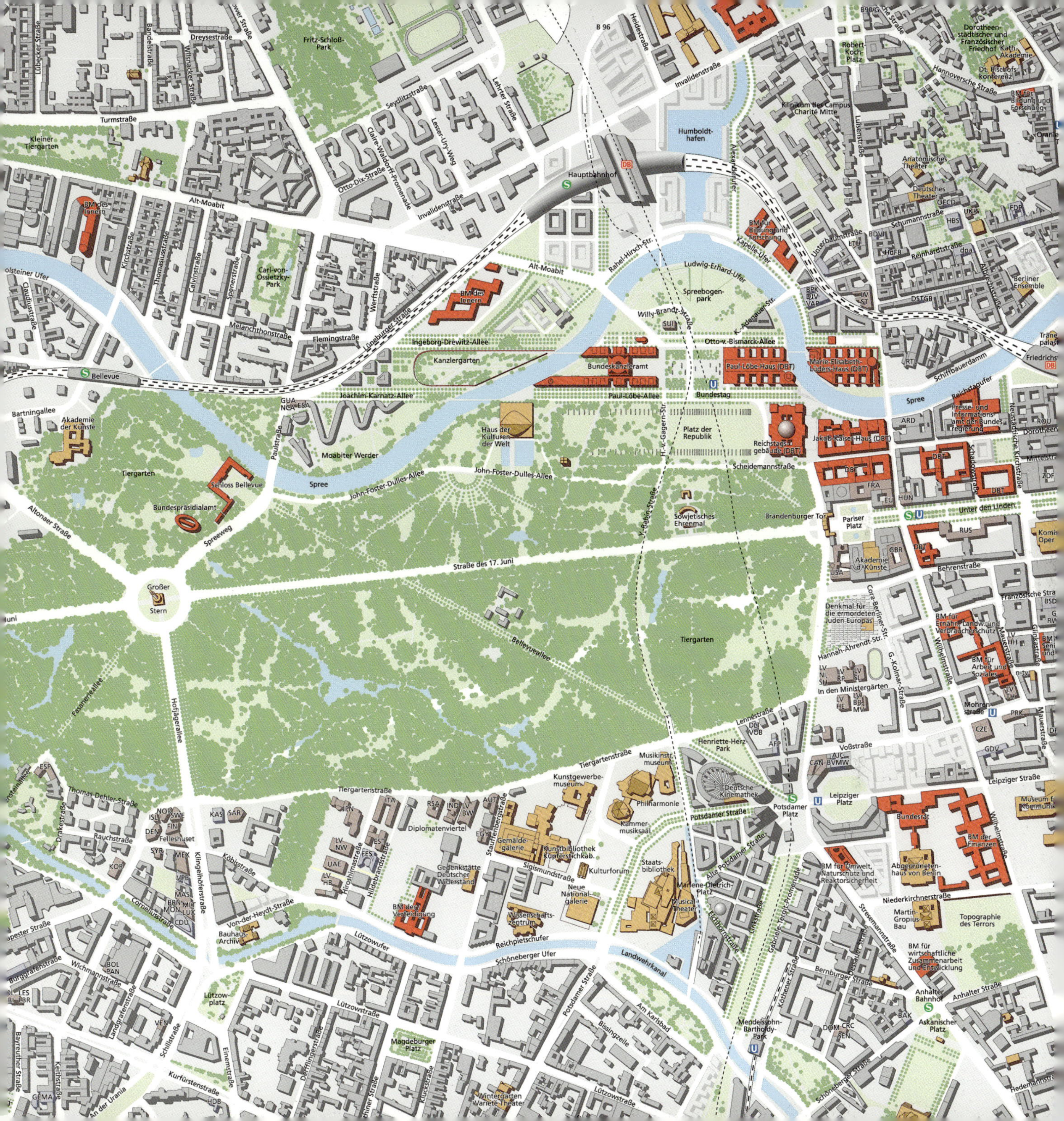

Fritz-Schloß-Park
Kleiner Tiergarten
Turmstraße
Alt-Moabit
Hauptbahnhof
Humboldthafen
Invalidenstraße
Heidestraße
Lehrter Straße
Seydlitzstraße
Otto-Dix-Straße
Clara-Waldoff-Promenade
Lesser-Ury-Weg
Klinikum des Campus Charité Mitte
Robert-Koch-Platz
Dorotheenstädtischer und Französischer Friedhof
Hannoversche Straße
Luisenstraße
Anatomisches Theater
Deutsches Theater
Schumannstraße
Reinhardtstraße
Albrechtstraße
Berliner Ensemble
Schiffbauerdamm
Friedrichstraße
Unterbaumstraße
Kapelle-Ufer
BM für Bildung und Forschung
BM des Innern
Carl-von-Ossietzky-Park
Kirchstraße
Thomasiusstraße
Calvinstraße
Spenerstraße
Melanchthonstraße
Flemingstraße
Werftstraße
Lüneburger Straße
Bellevue
Claudiusstraße
Holsteiner Ufer
Rahel-Hirsch-Str.
Ludwig-Erhard-Ufer
Spreebogenpark
Willy-Brandt-Straße
Konrad-Adenauer-Straße
Otto-v.-Bismarck-Allee
Ingeborg-Drewitz-Allee
Kanzlergarten
Bundeskanzleramt
Paul-Löbe-Haus (DBT)
Marie-Elisabeth-Lüders-Haus (DBT)
Bundestag
Paul-Löbe-Allee
Joachim-Karnatz-Allee
Spree
Moabiter Werder
Haus der Kulturen der Welt
John-Foster-Dulles-Allee
Platz der Republik
Reichstagsgebäude (DBT)
Scheidemannstraße
Jakob-Kaiser-Haus (DBT)
Presse- und Informationsamt der Bundesregierung
Reichstagufer
Neustädtische Kirchstraße
Schadowstraße
Dorotheenstraße
Mittelstraße
Unter den Linden
Brandenburger Tor
Pariser Platz
Akademie der Künste
Behrenstraße
Französische Straße
Komische Oper
Bartningallee
Akademie der Künste
Tiergarten
Schloss Bellevue
Bundespräsidialamt
Spreeweg
Paulstraße
Altonaer Straße
Großer Stern
Straße des 17. Juni
Sowjetisches Ehrenmal
Heinrich-v.-Gagern-Str.
Yitzhak-Rabin-Straße
Bellevueallee
Tiergarten
Fasanerieallee
Hofjägerallee
Denkmal für die ermordeten Juden Europas
Cora-Berliner-Str.
Hannah-Arendt-Str.
Gertrud-Kolmar-Straße
Wilhelmstraße
In den Ministergärten
BM für Ernährung, Landwirtschaft und Verbraucherschutz
BM für Arbeit und Soziales
Mauerstraße
Glinkastraße
Mohrenstraße
Lennéstraße
Henriette-Herz-Park
Voßstraße
Leipziger Platz
Leipziger Straße
Bundesrat
BM der Finanzen
Museum für Kommunikation
Potsdamer Platz
Potsdamer Straße
Tiergartenstraße
Kunstgewerbemuseum
Musikinstrumentenmuseum
Philharmonie
Kammermusiksaal
Deutsche Kinemathek
Diplomatenviertel
Gemäldegalerie
Kunstbibliothek Kupferstichkab.
Sigismundstraße
Kulturforum
Staatsbibliothek
Marlene-Dietrich-Platz
Musical-Theater
Neue Nationalgalerie
Gedenkstätte Deutscher Widerstand
BM der Verteidigung
Wissenschaftszentrum
Reichpietschufer
Stauffenbergstraße
Hiroshimastraße
Hildebrandstraße
Thomas-Dehler-Straße
Rauchstraße
Drakestraße
Felleshuset
Corneliusstraße
Klingelhöferstraße
Köbisstraße
Von-der-Heydt-Straße
Bauhaus Archiv
Lützowufer
Schöneberger Ufer
Landwehrkanal
Lützowplatz
Lützowstraße
Wichmannstraße
Burggrafenstraße
Landgrafenstraße
Schillstraße
Einemstraße
Keithstraße
Kurfürstenstraße
An der Urania
Bayreuther Straße
Derfflingerstraße
Magdeburger Platz
Genthiner Straße
Kluckstraße
Wintergarten Varieté-Theater
Potsdamer Straße
Bissingzeile
Am Karlsbad
Alte Potsdamer Straße
Eichhornstraße
Linkstraße
Gabriele-Tergit-Promenade
Köthener Straße
Mendelssohn-Bartholdy-Park
BM für Umwelt, Naturschutz und Reaktorsicherheit
Abgeordnetenhaus von Berlin
Niederkirchnerstraße
Martin-Gropius-Bau
Topographie des Terrors
Stresemannstraße
BM für wirtschaftliche Zusammenarbeit und Entwicklung
Bernburger Straße
Anhalter Bahnhof
Anhalter Straße
Askanischer Platz
Schöneberger Straße
Hedemannstraße

Prolog

Im April 2001 – kurz vor der Schlüsselübergabe für das neue Bundeskanzleramt – führten Journalisten des Magazins „Der Spiegel" ein Gespräch mit Axel Schultes. Die Architekten Schultes und Charlotte Frank hatten das Gebäude entworfen, das in vier Jahren Bauzeit aus dem Boden des Spreebogens gewachsen war. In strahlendem Beton stand es da, die überlangen Seitenflügel, der hohe Kubus in ihrer Mitte und die Glasfront am Ehrenhof zogen die Blicke auf sich, und die „Spiegel"-Reporter sprachen von der „Machtzentrale der Republik".

Im Laufe des Gesprächs brachten die Journalisten dann den Ort zur Sprache, an dem das neue Kanzleramt stand. Sie überlegten, ob die „Großzügigkeit" des ungewohnt hohen, zur Inszenierung geradezu einladenden Gebäudes nicht „etwas zu vergesslich gegenüber der deutschen Vergangenheit gerade auch an diesem Ort" sei. Damit spielten sie auf die Monumentalbauten an, die Adolf Hitlers Architekt Albert Speer einst im Spreebogen geplant hatte.

Axel Schultes warf dieser Vorwurf nicht aus der Bahn. Im Spreebogen könne man gar nicht vergesslich sein, antwortete er – um einen Satz zu formulieren, der einem nicht mehr aus dem Kopf geht, wenn man ihn einmal hört oder liest: „Dieses Gelände ist geradezu imprägniert mit Gift, historischem Gift."[1]

Ein heftiger Satz. Denn das Kanzleramt war weder auf dem Gelände von Hitlers Reichskanzlei noch über dem Prinz-Albrecht-Gelände, wo sich die zentralen Institutionen des nationalsozialistischen Terrors befunden hatten, gebaut worden. Allerdings ist an dem Satz etwas dran. Jedenfalls besteht die Geschichte dieses Orts schräg gegenüber dem Reichstag in Berlin aus zahlreichen dunklen Kapiteln. Aber sie erzählt auch von Menschen, die Gutes bewirken wollten – oder einfach nur lebten, im schönsten stillen Berlin.

Blick in den Ehrenhof des Bundeskanzleramts mit der Skulptur „Berlin" des baskischen Künstlers Eduardo Chillida, 2001.

Vor den Toren

Berlins

„Uns war diese [Orts-] Wahl gar nicht recht,
weil das Haus so weit außerhalb der Stadt lag.
Es war auch in der Tat ein mißlich Ding,
abends [...] in der Dunkelheit allein über den einsamen
alten Exercierplatz und zuletzt durch den Wald zu gehen."

Maximiliane von Arnim (1818–1894), Tochter von Bettina und Achim von Arnim

Vorherige Doppelseite: Das Kroll'sche Etablissement im Tiergarten mit der Sternwarte auf dem Haus der Familie Beer im Hintergrund, Farblithografie des Berliner Malers Ludwig Eduard Lütke von 1845.

Die Mondkarte des Wilhelm Beer

Wilhelm Beer bewirkte Sensationelles. Der Geschäftsmann brachte aus purer Leidenschaft etwas zustande, das die Menschen bis heute ins Staunen und Träumen versetzt. Seine jüdischen Eltern zählten zu den Ersten, die Anfang des 19. Jahrhunderts ein Sommerhaus im Nordwesten des Exerzierplatzes vor der Stadtmauer Berlins besaßen. Sie hatten das Haus des früheren Stadtkommandanten Karl Ludwig Bogislav von Goetze um 1816 bezogen, und bald blieben sie auch im Winter darin.[2] So traf sich in der Beer'schen Villa im Tiergarten – Vater Jacob Herz Beer war als Zuckerfabrikant zu Wohlstand gelangt, Mutter Amalie stammte aus reichem Haus – just jene Berliner Gesellschaft, die sich zuvor noch in den Beer'schen Räumlichkeiten in der Spandauer Straße 72 getroffen hatte.

Dieses Porträt von Amalie Beer (1767–1854) schuf der deutsche Maler Johann Karl Kretschmar im Jahr 1803.

Amalies Sohn Wilhelm Beer (1797–1850), der die Bankgeschäfte seines Vaters übernahm, war Astronom aus Leidenschaft.

Amalie Beer führte einen bekannten Salon. Besonders die musikalischen Veranstaltungen machten von sich reden, aber auch die Gastgeberin war interessant. Sie hatte sich in den Befreiungskriegen gegen Napoleon um Verwundete gesorgt, war für diesen Einsatz mit dem Luisenorden bedacht worden. Sie trat weltläufig auf und gab Gesellschaften für Musiker, Schauspieler, Diplomaten, Aristokraten und Wissenschaftler wie Alexander von Humboldt, wobei die Veranstaltungen nach dem Tod ihres Ehemanns 1825 noch luxuriöser als zuvor ausfielen.[3] Zum Haus zählten ungewöhnliche Elemente wie ein Eiskeller, ein „Treibhaus voll blühender ausländischer Gewächse" und „Gartensäle mit Glaskuppeln".[4]
Amalie Beer hatte aber auch Kinder wie den berühmten Opernkomponisten Giacomo Meyerbeer, der in Italien und Frankreich seinen großen Durchbruch erlebte, den Dramatiker Michael Beer sowie den Bankier und Kaufmann Wilhelm Beer, der 1814/15 in Frankreich gegen Napoleon kämpfte[5] und 1826 samt bildschöner Frau und Familie bei der Mutter einzog. Das trug ebenfalls zum Reiz eines Besuchs bei den Beers bei.
Im Frühjahr 1829 ließ Wilhelm Beer eine kleine Sternwarte auf die Villa im Tiergarten setzen. Gemeinsam mit seinem Lehrer und Freund, dem Mathematiker Johann Heinrich Mädler, hatte er Alexander von Humboldts Kosmos-Vorträgen gelauscht. Sie hatten ihn begeistert. Beer kaufte einen Fraunhofer'schen Refraktor, ein modernes Fernrohr mit 141 Zentimetern Brennweite, 172 Zentimetern Länge und 94 Millimetern Öffnung, und als der nach allen Seiten bewegliche Drehturm auf der prächtigen Villa Beer errichtet war, machten Mädler und er sich ans Werk.[6]
Sie beobachteten den Himmel. Sie bauten einen ersten Marsglobus. Und schließlich, in 600 Nächten fern des Lichts der Stadt, zeichneten Mädler und Beer eine detaillierte Mondkarte, die 1834 bis 1836 veröffentlicht wurde und noch Jahrzehnte danach Männer wie Jules Vernes („Reise um den Mond", 1870) schwärmen ließ.
Mehr Romantik ging wohl nicht im Tiergarten des 19. Jahrhunderts.

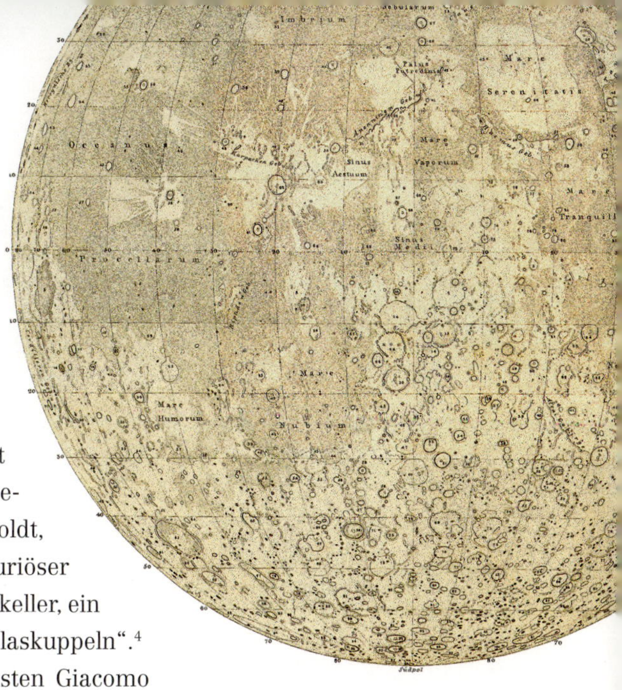

In der privaten Sternwarte erstellten Wilhelm Beer und Johann Heinrich Mädler eine Mondkarte, die sie 1834 bis 1836 als „Mappa Selenographia" herausgaben. Diese Karte nach Mädler und Beer stammt aus dem Jahr 1872.

Blick auf die erleuchteten Ausflugslokale am Gondelanlegeplatz, Postkarte um 1910.

Die Revolution In den Zelten

In der Politik griff Beer nicht so kühn nach den Sternen. Das Königreich Preußen war 1806 von Napoleons Truppen gedemütigt worden; die Berliner hatten erlebt, wie der Kaiser der Franzosen die Quadriga vom Brandenburger Tor entführte; und für zwei Jahre war die Hauptstadt besetzt. Aber das war nun lange vorbei, und die Franzosen waren vertrieben. Preußen erlebte seit Jahrzehnten einen spürbaren Aufschwung. Diesen Aufschwung „in Größe, Macht und Reichtum“[7] galt es nicht zu verspielen, meinte Beer, als im Frühjahr 1848, wenige Hundert Meter von der Villa mit der Sternwarte entfernt, die Stimmung hochzukochen begann. Hinzu kam, dass zwischen den Beers und König Friedrich Wilhelm IV. ein „enges Verhältnis“[8] bestand.

Die Villa der Beers, die mit den Ballsälen und Wintergärten Joseph Krolls 1844 einen illustren Nachbarn bekommen hatte,[9] stand mittlerweile an einer Straße, die „In den

Zelten“ genannt wurde. Sie führte vom nordwestlichen Winkel des zunehmend zivil genutzten, begrünten Exerzierplatzes[10] stadtauswärts – bis man die Nachfolgerbauten jener Zelte erreichte, die Friedrich der Große 1745 zur Erfrischung der Tiergarten-Flaneure erlaubt hatte. Beschleunigt durch die Entdeckung des Orts als winterliches Eislaufparadies, waren aus ihnen über die Zeit befestigte Gaststätten geworden.[11] Dort begann die Hausnummernzählung, eine Reihe stattlicher Häuser schob sich von den Zelten in Richtung Stadt.[12]

In der Nummer 5 wohnte seit 1847 die Schriftstellerin Bettina von Arnim, die 1843 die sozialkritische Schrift „Dies Buch gehört dem König“ veröffentlicht hatte. Auch in ihrer Wohnung verkehrte wie in einem Salon die Berliner Gesellschaft, Prinzen trafen auf Demokraten und imposante Gäste wie der norwegische Teufelsgeiger Ole Bull traten auf.[13]

In diesen Kreisen wurde viel korrespondiert. So ist überliefert, wie die revolutionäre Stimmung, die in süddeutschen, italienischen und französischen Städten herrschte, kurz nach

Die Löwen-Brauerei, In den Zelten 4, Postkarte um 1910.
Der Straßenname „In den Zelten“ geht auf die Leinenzelte zurück, die hier im 18. Jahrhundert errichtet worden waren. Dort durften im Sommer Erfrischungen angeboten werden. Erst nach 1786 erhielten die Wirte eine Genehmigung, feste Bauten zu errichten und diese ganzjährig zu bewirtschaften.

In diesem Haus im Tiergarten wohnte die deutsche Romantikerin Bettina von Arnim (1785–1859). Von 1847 bis zu ihrem Tod galt diese Adresse als ein kultureller Mittelpunkt Berlins.

Blick in Bettina von Arnims Wohnung.

der Pariser Februarrevolution auch die Berliner „Zelte“ zu erfassen begann. Hier draußen vor dem Stadttor war es „Volksversammlungen“ am 6. und 7. März 1848 möglich, eine Liste von Forderungen aufzustellen. Sie waren an Preußens König adressiert und drängten unter anderem auf Presse- und Redefreiheit, politische Gleichberechtigung für alle Konfessionen und Klassen, unabhängige Richter und eine allgemeine deutsche Volksvertretung.[14] Solche „Märzforderungen“ wurden an vielen Orten des Deutschen Bunds erhoben,[15] sie führten von Mai 1848 bis Mai 1849 zur Nationalversammlung in der Frankfurter Paulskirche. Zuvor freilich kam es in Preußens Hauptstadt Berlin zu blutigen Szenen. Noch am 10. März schrieb Bettina von Arnim von einer „glücklich abgelaufen“ Versammlung „dicht neben uns, unter den Zelten“: „Es waren sehr viele Aufhetzer unter die Leute zerstreut. Und nach allem zu urtheilen war es von der Polizei selbst darauf angelegt eine Erneute [Versammlung] herbeizuführen diese dann aufs Nachdrücklichste zu dämpfen und so den Übermuth des Volkes zu ersticken.“[16]

Ereignisse der Revolution von 1848 in Berlin: Wahlversammlung des Berliner „Politischen Clubs" am 20. April 1848 In den Zelten.

Doch dann entlud sich die Spannung – in der Stadt, wo das Militär immer nervöser auf die zum Schloss gezogene Menge reagierte.[17] „Eine große Schlacht ist am 18. März hier [in der Stadt] gekämpft wurden durch Verrath zwischen unbewehrtem Volk und bewaffneten Soldaten"[18], schrieb Arnim am 20. März. Allein auf der Seite der Handwerker, Hausangestellten, Arbeiter und Bürger gab es über 250 Tote.

In Arnims Straße blieb es indes friedlich. So blieb es auch, als Ende März an den Versammlungsorten ein demokratischer „Volksverein unter den Zelten" gegründet wurde, der noch bis Juni Versammlungen abhielt, während Wilhelm Beer antidemokratische Texte verfasste und Bettina von Arnim „Feuer und Flamme für die Revolution"[19] war. Der König schien verstanden zu haben.

Im Herbst dann, als der Ausnahmezustand für Berlin und Umgebung erklärt wurde und die Gegenrevolution zu greifen begann, wurde das Rednerpodest In den Zelten zerstört.[20]

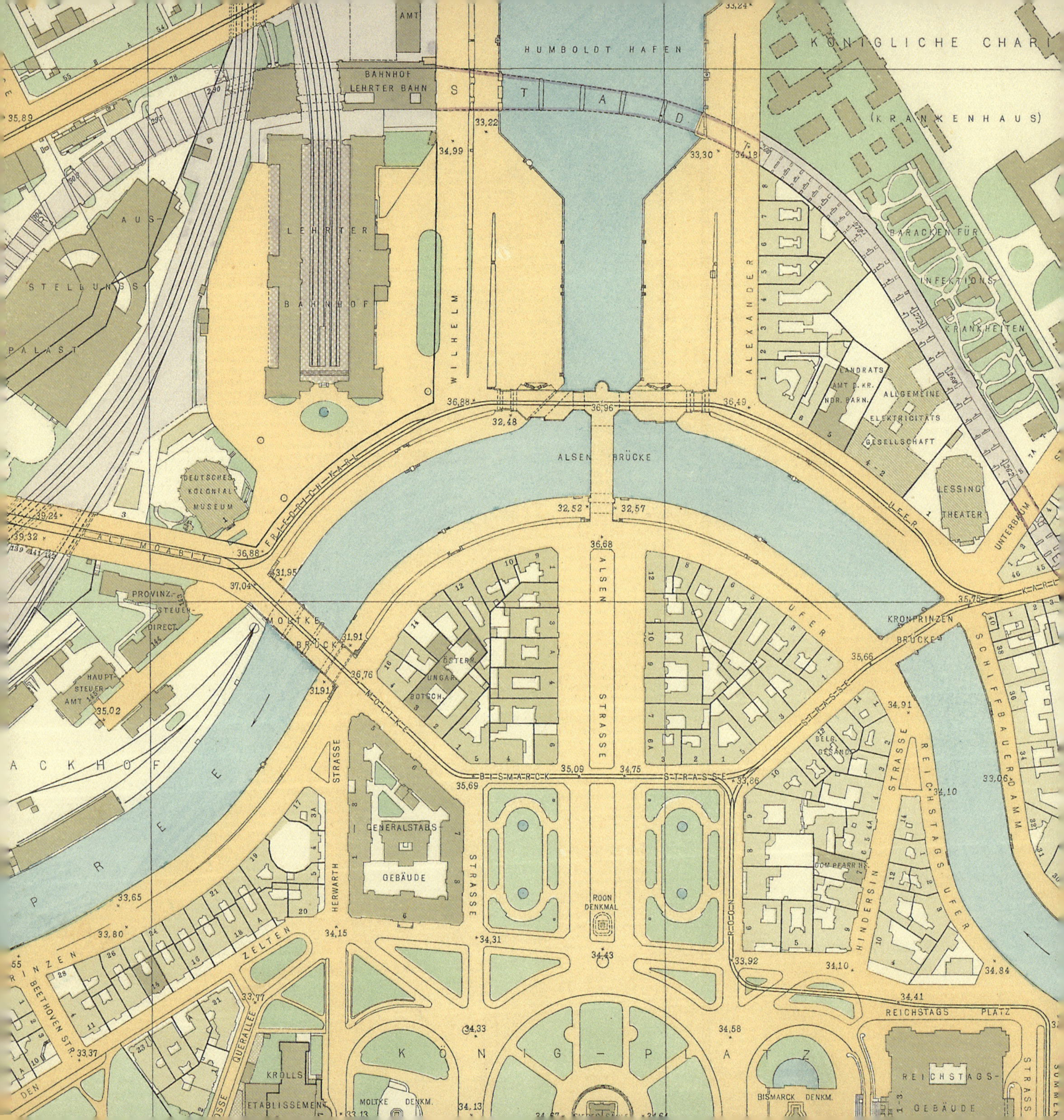
HUMBOLDT HAFEN
KÖNIGLICHE CHARI
(KRANKENHAUS)
BAHNHOF
LEHRTER BAHN
S T A D
LEHRTER
BAHNHOF
AUS
STELLUNGS
PALAST
WILHELM
ALEXANDER
BARACKEN FÜR
INFEKTIONS
KRANKHEITEN
LANDRATS
AMT D. KR.
NDR. BARN.
ALLGEMEINE
ELEKTRICITÄTS
GESELLSCHAFT
LESSING
THEATER
UNTERBAUM
DEUTSCHES
KOLONIAL
MUSEUM
FRIEDRICH-KARL
ALSEN BRÜCKE
ALT-MOABIT
UFER
ALSEN
STRASSE
PROVINZ-
STEUER-
DIRECT.
MOLTKE
BRÜCKE
ÖSTERR.
UNGAR.
BOTSCH.
KRONPRINZEN
BRÜCKE
SCHIFFBAUERDAMM
HAUPT
STEUER
AMT
ACKHOF
MOLTKE
BELG.
GESAND.
BISMARCK
STRASSE
REICHSTAGS
UFER
SPREE
STRASSE
GENERALSTABS
GEBÄUDE
HERWARTH
ROON
DENKMAL
ROON
DOM PFARR H.
HINDERSIN
PRINZEN
BEETHOVEN STR.
ZELTEN
QUERALLEE
REICHSTAGS PLATZ
KÖNIG-PLATZ
KROLLS
ETABLISSEMENT
MOLTKE DENKM.
BISMARCK DENKM.
REICHSTAGS-
GEBÄUDE
SUMMERSTRASSE

Ein Viertel zur Ehre des Reichs

Der Attraktivität der Grundstücke zwischen den Zelten und den Holzplätzen nördlich der „Sahara von Berlin“, des alten Exerzierplatzes also[21], tat das keinen Abbruch. Sie nahm sogar spürbar zu, nachdem 1867 die „Akzisemauer“ abgerissen wurde. Das war die Zollmauer, die neben dem Brandenburger Tor auf ungefähr jener Linie verlief wie später der angeblich „antifaschistische Schutzwall“ der DDR.
Das Ende dieser „Akzisemauer“ war eine Reaktion darauf, dass sich die Bevölkerungszahl seit 1840 auf rund 650.000 Einwohner verdoppelt hatte und gerade die Vorstädte rasant wuchsen. Auf eine gewisse Weise vollzog sich im Kleinen, was auch im Großen geschah: Die Grenzen schwanden. Die Bürger der mehr als 20 deutschen Staaten, die sich 1867 von Preußen geführt zum „Norddeutschen Bund“ zusammenschlossen, konnten sich auf einem Großteil des deutschen Flickenteppichs neuerdings freizügig zwischen den Ländern bewegen.[22]
Ein wichtiges Vorkapitel der Reichsgründung 1871, deren Geschichte ansonsten durch Kriege bestimmt wird.
Diese Kriege muss man kennen, um das besondere Flair der Gegend am neuen „Königsplatz“ zu verstehen: den preußisch-österreichischen Krieg gegen Dänemark 1864, der sich an der Schleswig-Holstein-Frage entzündet hatte, den Krieg gegen Österreich 1866, der im Nachgang des Dänemark-Siegs entbrannte. Und den Deutsch-Französischen, 1870 von Kaiser Napoleon III. gegen den „Norddeutschen Bund“ erklärten Krieg, an dem Otto von Bismarck, der Kanzler des „Norddeutschen Bunds“, nicht ganz unschuldig war.

Der Berliner Kartograf und Verleger Julius Straube (1832–1913) veröffentlichte ab 1885 einen Übersichtsplan von Berlin in 44 Einzelblättern. Der Straube-Plan von 1910 zeigt das neu entstandene Alsenviertel mit Sehenswürdigkeiten und Hausnummern.

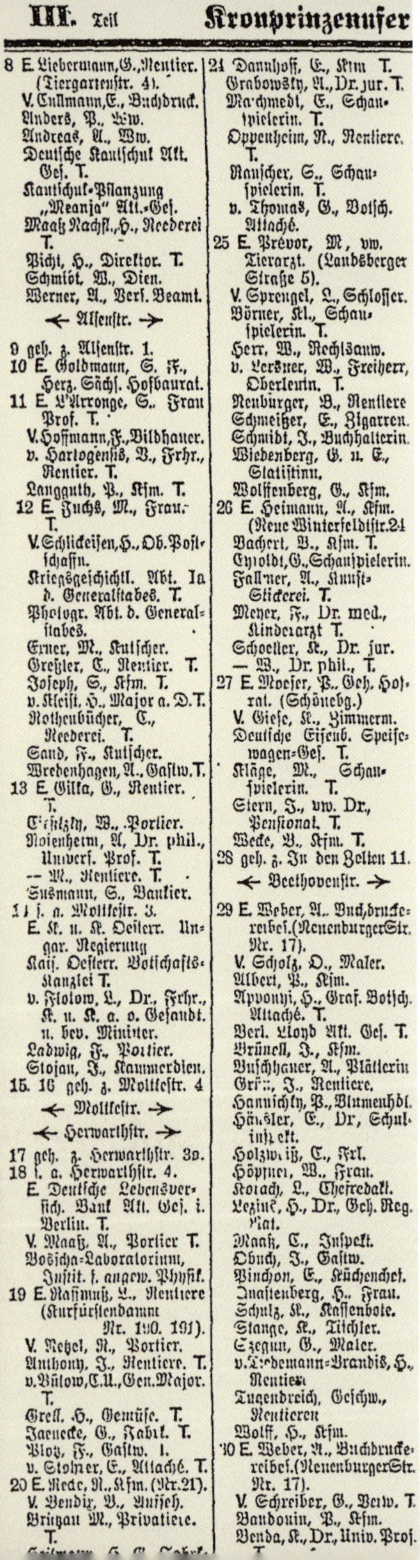

III. Teil — Kronprinzenufer

8 E. Liebermann, G., Rentier. (Tiergartenstr. 4).
V. Cullmann, E., Buchdruck.
Anders, P., Ww.
Andreas, A., Ww.
Deutsche Kautschuk Akt. Ges. T.
Kautschuk-Pflanzung „Meanja“ Akt.-Ges.
Maaß Nachfl., H., Reederei T.
Picht, H., Direktor. T.
Schmidt, W., Dien.
Werner, A., Verf. Beamt.
← Alsenstr. →
9 geh. z. Alsenstr. 1.
10 E. Goldmann, S. F., Herz. Sächs. Hofbaurat.
11 E. L'Arronge, S., Frau Prof. T.
V. Hoffmann, F., Bildhauer.
v. Hartogensis, B., Frhr., Rentier. T.
Langguth, P., Kfm. T.
12 E. Fuchs, M., Frau. T.
V. Schlickeisen, H., Ob. Postschaffn.
Kriegsgeschichtl. Abt. Ia d. Generalstabes. T.
Photogr. Abt. d. Generalstabes.
Exner, M., Kutscher.
Greßler, C., Rentier. T.
Joseph, S., Kfm. T.
v. Kleist, H., Major a. D. T.
Rothenbücher, C., Reederei. T.
Sand, F., Kutscher.
Wredenhagen, A., Gastw. T.
13 E. Gilka, G., Rentier. T.
[illegible], W., Portier.
Roienheim, A., Dr. phil., Univers. Prof. T.
— M., Rentiere. T.
Susmann, S., Bankier.
14 s. a. Moltkestr. 3.
E. K. u. K. Oesterr. Ungar. Regierung
Kais. Oesterr. Botschafts-Kanzlei T.
v. Flotow, L., Dr., Frhr., K. u. K. a. o. Gesandt. u. bev. Minister.
Ladwig, F., Portier.
Stojan, J., Kammerdien.
15. 16 geh. z. Moltkestr. 4
← Moltkestr. →
← Herwarthstr. →
17 geh. z. Herwarthstr. 3a.
18 s. a. Herwarthstr. 4.
E. Deutsche Lebensversich. Bank Akt. Ges. i. Berlin. T.
V. Maaß, A., Portier T.
Boßcha-Laboratorium, Instit. f. angew. Physik.
19 E. Rasmuß, L., Rentiere (Kurfürstendamm Nr. 190. 191).
V. Retzel, R., Portier.
Anthony, J., Rentiere. T.
v. Bülow, C. U., Gen. Major. T.
Grell, H., Gemüse. T.
Jaenecke, G., Fabrik. T.
Bloß, F., Gastw. T.
v. Stolzner, E., Attaché. T.
20 E. Rede, R., Kfm. (Nr. 21).
V. Bendix, B., Aufseh.
Brüggau, M., Privatiere. T.

21 Dannhoff, E., Kfm. T.
Grabowsky, A., Dr. jur. T.
Machmedl, E., Schauspielerin. T.
Oppenheim, R., Rentiere. T.
Rauscher, S., Schauspielerin. T.
v. Thomas, G., Botsch. Attaché.
25 E. Prévor, M., vw. Tierarzt. (Landsberger Straße 5).
V. Sprengel, L., Schlosser.
Börner, Kl., Schauspielerin. T.
Herr, W., Rechtsanw.
v. Lersner, W., Freiherr, Oberleutn. T.
Neubürger, B., Rentiere
Schmeißer, E., Zigarren.
Schmidt, J., Buchhalterin.
Wiedenberg, G. u. E., Statistinn.
Wolffenberg, G., Kfm.
26 E. Heimann, A., Kfm. (Neue Winterfeldtstr. 24
Bachert, B., Kfm. T.
Eyvoldt, G., Schauspielerin.
Fallner, A., Kunst-Stickerei. T.
Meyer, F., Dr. med., Kinderarzt T.
Schoeller, R., Dr. jur.
— W., Dr. phil., T.
27 E. Moeser, P., Geh. Hofrat. (Schönebg.)
V. Giese, K., Zimmerm.
Deutsche Eisenb. Speisewagen-Ges. T.
Kläge, M., Schauspielerin. T.
Stern, J., vw. Dr., Pensionat. T.
Wecke, B., Kfm. T.
28 geh. z. In den Zelten 11.
← Beethovenstr. →
29 E. Weber, A., Buchdruckereibes. (Neuenburger Str. Nr. 17).
V. Scholz, O., Maler.
Albert, B., Kfm.
Apponyi, H., Graf. Botsch. Attaché. T.
Berl. Lloyd Akt. Ges. T.
Brünell, J., Kfm.
Buschhauer, A., Plätterin
Gr[illegible], J., Rentiere.
Hannichky, P., Blumenhdl.
Hä[illegible]ler, E., Dr, Schulinspekt.
Holzw[illegible]iß, C., Frl.
Höptner, W., Frau.
Korach, L., Chefredakt.
Lezius, H., Dr., Geh. Reg. Rat.
Maaß, C., Inspekt.
Obuch, J., Gastw.
Pinchon, E., Küchenchef.
Quastenberg, H., Frau.
Schulz, K., Kassenbote.
Stange, K., Tischler.
Szegun, G., Maler.
v. T[illegible]demann-Brandis, H., Rentier.
Tugendreich, Geschw., Rentieren
Wolff, H., Kfm.
30 E. Weber, A., Buchdruckereibes. (Neuenburger Str. Nr. 17).
V. Schreiber, G., Bezw. T.
Baudouin, P., Kfm.
Benda, R., Dr., Univ. Prof. T.

Einträge aus dem Berliner Adressbuch von 1914: Im Alsenviertel lebten nicht nur Bankiers, Militärs und Diplomaten, sondern auch Portiers, Kutscher und Schauspieler.

Die Gegend am Spreebogen war eine einzige identitätsstiftende Erinnerung an das Geschenk der Reichsgründung und an jene, denen man es verdankte. Die kurze Straße etwa, die in der Nähe des Beer'schen Grundstücks von In den Zelten gen Norden abknickte (die Villa selbst wurde 1871 abgerissen[23]), trug seit 1867 den Namen von Generalfeldmarschall Eberhard Herwarth von Bittenfeld.[24]

An dieser Herwarthstraße eröffnete 1881 das erste Panorama Berlins: Das Leinwandgemälde, das in der großen Rotunde zu sehen war, zeigte zunächst den „Sturm auf St. Privat“, ein Gemetzel des Deutsch-Französischen Kriegs: „Zwischen den dunklen Gestalten der Todten und Wunden erkennt man die (historische) Hammelherde, welche sich dort mitten ins Gefecht verirrt hatte.“[25] 1884 ließ man die „Die Verteidigung von Paris“ wiederauferstehen. Dann widmete das Panorama sich – mit Ausnahme eines Schlachtengemäldes des Franzosen Édouard Detaille – exotischeren Themen wie der russisch-türkischen „Schlacht bei Plewna“, Konstantins Triumphzug durch das „Alte Rom“ und Napoleons „Übergang über die Beresina“.

Andere Straßen wurden nach Helmuth von Moltke d. Ä., Otto von Bismarck und Albrecht von Roon benannt – die schönste von ihnen, die breite, in der Mitte von einem Grünstreifen mit Bäumen durchzogene Alsenstraße, die vom Königsplatz schnurstracks nach Norden lief, erinnerte an die Insel Als bei Flensburg, wo Preußens Truppen 1864 die Dänen zum Rückzug gezwungen hatten.

In dieses Alsenviertel und die angrenzenden Straßen zog es Adelige, Bankiers, Politiker, Beamte, Rentiers und Diplomaten.[26] In einer ganzen Reihe der von Privathand gebauten Gründerzeithäuser richteten sich zudem die Vertretungen ausländischer Staaten ein. Das 1874 errichtete „Palais“ des hochadeligen Viktor Herzog von Ratibor an der Moltkestraße 3[27] etwa ging 1889 in den Besitz der österreich-ungarischen „K.u.k-Monarchie“ über, die auch ein Grundstück am Kronprinzenufer 14 erwarb.[28] Chinas Gesandtschaft residierte für einige Jahre In den Zelten 14.

In das Haus an der Alsenstraße 4, in dem Rudolph von Delbrück, der frühere Präsident des Reichskanzleramts, und Gattin Elise die Berliner Gesellschaft empfingen,[29] zogen die Dänen ein. Von den Norwegern in der Alsenstraße 2 wurden sie nur durch einen Prachtbau getrennt, den der Bankier und Kunstsammler Paul von Mendelssohn-Bartholdy 1913 errichten ließ.[30] Die unabhängig gewordenen Finnen bezogen später die Alsenstraße 1.[31] Und um noch ein Beispiel zu nennen: Das vornehme Haus, das der Internist Friedrich Theodor Frerichs an die Bismarckstraße stellte, wird die Schweiz nach dem Ersten Weltkrieg erwerben und als Botschaftsgebäude nutzen.[32]

Alles war betont stilvoll. Und trotzdem stimmt, was Theodor Fontane im „Stechlin" über die Architektur eines Baus am Kronprinzenufer zwischen Moltke- und Alsenbrücke bemerkt hat: „Das Haus, dessen erste Etage sie bewohnten, unterschied sich, ohne sonst irgendwie hervorragend zu sein (Berlin ist nicht reich an Privathäusern, die Schönheit und Eigenart in sich vereinigen), immerhin vorteilhaft von seinen Nachbarhäusern, von denen es durch zwei Terrainstreifen getrennt wurde."[33] Es waren stattliche, aber nicht unbedingt außergewöhnliche Häuser.

Die Bewohner waren natürlich schon der Aussicht wegen begeistert: „Wenn ich in unsrer Nische sitze, die lange Reihe der herankommenden Stadtbahnwaggons vor mir, nicht zu nah und nicht zu weit, und sehe dabei, wie das Abendrot den Lokomotivenrauch durchglüht und in dem Filigranwerk der Ausstellungsparktürmchen schimmert, was will Ihre grüne Tiergartenwand dagegen?"[34] Wer hier wohnte, in der Nähe des neuen Lehrter Bahnhofs, bewies eben auch sein Gespür für den Puls der Zeit oder ließ es zumindest so aussehen.

Zugleich lebten in der Gegend eine ganze Reihe gewöhnlicher, vermeintlich „kleinerer Leute". Man kann sie nicht übersehen, wenn man die nach Straßen- und Hausnummern sortierten Berliner Adressbücher jener Jahre aufschlägt: die Kellner, Kutscher, Schneider, Kassenboten, Kammerdiener und Portiers. Sie tauchen auch in den Erinnerungen

Ansicht der Königlichen Dänischen Gesandtschaft in der Alsenstraße 4, Fotografie um 1929.

des Schriftstellers Rudolf Borchardt auf, der als Kind am Kronprinzenufer 5 lebte und eine „heftige Abneigung gegen das Ausgeführtwerden und gesittigt angefaßte, gespreizte Spazieren“ im Tiergarten empfand. Von den Vorderfenstern der väterlichen Zwölfzimmerwohnung blickte er auf die Spree mit ihren „Drehkränen, Prahmen und aus- und einladenden Flußkähnen“.

Von den rückwärtigen Fenstern hingegen schaute er auf einen „widerlichen, kleingepflasterten Hofplatz mit seinen armseligen Staffage Figuren, Pförtnersleuten und ihren Kindern, Mansardenmietern und ihren Besuchern, Boten und Dienern“[35] hinunter. Wo es Fassaden gab, gab es auch eine Hinterhofwelt.

Der gewöhnliche Besucher des Viertels, der den Königs- und Alsenplatz vielleicht auf dem Weg zum Landes-Ausstellungs-Park, Marine-Panorama oder Kolonialmuseum jenseits der Spree durchschritt,[36] geriet eher ins Schwärmen: für die bekannten Herren, die hier wohnten, für die hochherrschaftlichen Gespanne, die hier verkehrten, für die edlen Pferde, die ihre Hufe hier schwangen.[37]

Erst recht war die 1873 eingeweihte Siegessäule ein Anziehungspunkt. Wie ein „ewiger Sedantag“[38] (Walter Benjamin) stand sie auf dem Königsplatz. „Jetzt, wo der Purpur des Abends über sie strömt, glüht die Schlachtenjungfrau dort oben vom Scheitel bis zur Zehe“, beschrieb der Journalist Julius Rodenberg 1882 einen solchen Spaziergang über den Königsplatz, „der Helm lodert, die Standarte blitzt, das eiserne Kreuz strahlt, und ihr Lorbeerkranz blüht wie von hineingeflochtenen Feuerlilien, während die flammenden Flügel sich weit spannen, als bedürfe es nur des leisesten Anstoßes, und der Fuß hebt sich von der Kugel, und sie wird aufs neue fliegen – gegen Westen – gegen Osten ... wer weiß es?“[39]

Wenn es Nacht wurde, begannen die Lichter von Krolls Etablissement sachte zu funkeln.

Kaiser Wilhelm I. (1797–1888) weihte die Siegessäule auf dem Königsplatz im Tiergarten am 2. September 1873 ein, dem ersten Sedantag, der an den großen Sieg im Deutsch-Französischen Krieg von 1870/71 erinnert.

Das Generalstabsgebäude vor der Erweiterung, Holzstich aus dem Jahr 1872 nach einer Zeichnung von Christian Gottlob Theuerkauf. Das Gebäude wurde von 1867 bis 1871 erbaut und nach dem Deutsch-Französischen Krieg vom Großen Generalstab bezogen.

Der Große Generalstab

Drei Gebäude des neuen Viertels zogen mehr Aufmerksamkeit auf sich als die anderen: Krolls Vergnügungslokale, die nach 1894 zum „Neuen Königlichen Opern-Theater" aufstiegen.[40] Das pompöse, zwischen 1884 und 1894 gebaute Reichstagsgebäude, dem das Palais des kunstsammelnden Diplomaten Athanasius Raczynski zum Opfer fiel.[41]

Und schließlich – oberhalb von Kroll und damit just dort, wo heute das Bundeskanzleramt steht – das Generalstabsgebäude. Es beherbergte jene militärische Planungsstelle, die den Monarchen und das Kriegsministerium beriet, Entwicklungen beobachtete, Karten erstellte, Waffengänge „generalstabsmäßig" vorbereitete und deren Chef im Kriegsfall das Kommando für die Operationen im Felde erhielt.[42]

Das Ansehen des Generalstabs ging damals dem Zenit entgegen. Vor dem Ersten Weltkrieg soll gesagt worden sein, „daß Europa fünf vermeintlich perfekte Institutionen besaß: die

römische Kurie, das britische Parlament, das russische Ballett, die französische Oper und den preußischen Generalstab“[43].
Ähnlich fasziniert wurde der Generalstab selbst Jahrzehnte später noch als „Gemeinschaft von Offizieren“ beschrieben, „die Charakter mit nüchternem Tatsachensinn, Zurückhaltung in bezug auf die eigene Stellung neben dem Oberbefehlshaber, größte Exaktheit in der Methode, sorgfältige Kalkulation des Erreichbaren, Kenntnis des technischen Fortschritts und Verantwortungsbewußtsein für die in ihre Hand gegebenen Soldaten zu verbinden verstanden“[44]. Die Herren, die hier saßen, hatten mit ihrer Kriegskunst die Reichsgründung ermöglicht. Ihnen gebührte jeder Respekt.
Der Generalstab, den die Aura des Geheimnisvollen und Genialen umgab, war aber auch eine problematische Einrichtung. Die in ihm betriebene Professionalisierung des Kriegswesens ging mit einer „fachlichen Einseitigkeit“[45] und einem mangelnden Verständnis für innen- wie außenpolitische Folgen seines Handelns einher. Auch war er stark darauf aus, jede Einmischung abzuwehren und den eigenen Einfluss zu mehren.
Wenn es einen Ort gibt, der für die erstarkende und letztlich fatale Rolle der Militärs im Kaiserreich steht, für das Primat des Militärischen – der Chef des Generalstabs bekam das sogenannte Immediatrecht: Er durfte direkt beim Kaiser vorsprechen[46] –, ist es jenes Gebäude, mit dessen Bau nach dem Sieg über Österreich 1867 begonnen worden war. Es wurde nach dem Triumph über Frankreich 1871 bezogen und gleich wieder erweitert. Das gesamte Areal zwischen Herwarthstraße, Moltkestraße und Königsplatz wurde bis 1882 vom Generalstab belegt, wobei die Fassade des Altbaus über dem hellroten Sandsteinsockel mit gelben Birkenwerder Ziegeln und roten Terrakotta-Elementen, der Neubau mit roten Ziegeln verkleidet war.[47] Die Spitznamen „rote Bude“ oder auch „große Bude“ stellten sich ein.
Die „Centralabtheilung“ befand sich auf der Seite zum Königsplatz hin, im älteren Teil. Hier lag auch die Dienstwohnung des Generalstabschefs, die der hochbetagte Helmuth von Moltke d. Ä. – eine lebende, den Generalstab seit 1857 führende Legende – bis zu seinem Tod be-

wohnte.[48] „Eine fast endlose Zimmerflucht: Schlafzimmer, Konferenzsaal, ‚Silberzimmer', Teezimmer, Musiksalon, Rauchkabinett, Speisesaal, die Räume der Familie, Wirtschaftsräume – das Ganze ist Moltke im Grunde zu groß […].“[49] Die Tage, die mit nüchternen Arbeitsgesprächen vergingen, klangen in diesem Ambiente behaglich aus, es wurde Karten gespielt, gelesen und musiziert.

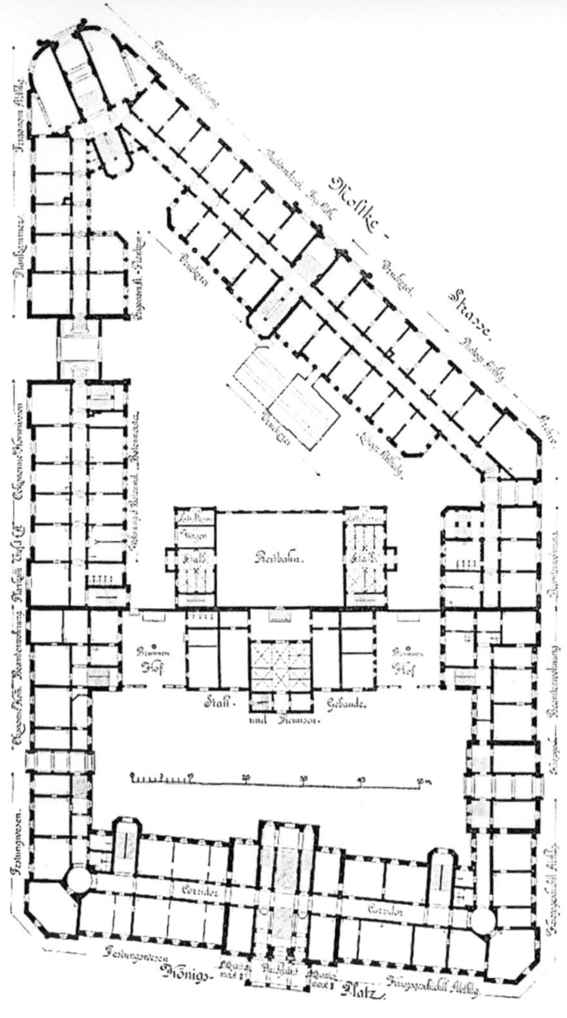

Grundriss des Generalstabsgebäudes nach der Erweiterung von 1873 bis 1882.

Gab es Anlass zum Feiern wie am 25. Oktober 1890, dem Vortag von Moltkes 90. Geburtstag, sorgte der Moltke-Kult des Kaiserreichs, der den inneren Kitt der „verspäteten Nation“ (Helmuth Plessner) festigen sollte[50], indes für eine schier endlose Aneinanderreihung von Huldigungen. Vor dem Generalstabsgebäude warteten Soldaten, Bürgerabordnungen, Arbeitergruppen und Chöre. Fackeln leuchteten, Feuerwerkskörper explodierten. Irgendwann rollte sogar „Germania“ höchstselbst auf einem Wagen heran, dargestellt von einer goldverzierten Schauspielerin: „Brausend erscholl hierauf ‚Die Wacht am Rhein'“.[51] Moltke, der „große Schweiger“, nahm das Spektakel höflich zur Kenntnis. Er spüre „von außerhalb“ überall die „Unzufriedenheit mit dem Bestehenden“, hatte er 1890 im Reichstag gesagt: „Das kann jederzeit den Ausbruch eines Krieges herbeiführen, ohne den Willen der Regierungen und auch gegen deren Willen […]. Meine Herren, es kann ein siebenjähriger, es kann ein dreißigjähriger Krieg werden – und wehe dem, der zuerst die Lunte in das Pulverfaß schleudert!“[52] Komme es so weit, stünden nicht nur der Fortbestand des Deutschen Reichs und „Hunderttausende von Menschenleben“, sondern vielleicht auch „die Fortdauer der gesellschaftlichen Ordnung und der Zivilisation“ auf dem Spiel.

Diese Gefühlslage war ein Grund dafür, dass im Generalstabsgebäude bereits seit geraumer Zeit über einen Präventivkrieg nachgedacht wurde.[53]

Vom Königsplatz zum Platz der Republik

„Ich hatte bei meinem ersten Gang durch die Diensträume den Eindruck, ein Lazarett oder doch ein Rekonvaleszentenheim zu durchwandern, nicht aber eine große militärische Behörde. Das Personal war vielfachem Wechsel unterworfen. Genesene Offiziere gingen immer wieder zur Front oder zur Etappe ab, für sie rückten andere schonungsbedürftige ein."

Hugo Friedrich von Freytag-Loringhoven (1855–1924), Chef des stellvertretenden Generalstabs in Berlin von 1916 bis 1918

Der perfekte Plan

Zu diesem Zeitpunkt, wenige Monate vor Moltkes Tod,[54] wurde die „rote Bude" längst von Alfred Graf von Waldersee geführt. Der Offizier war dem alternden Moltke bereits 1882 zur Seite gestellt worden und seit 1888 sein Nachfolger. Er zählte zu jenen, die am lautesten auf einen Präventivkrieg gegen Russland drängten, und zu den intriganten Kreisen, die 1890 den Sturz Otto von Bismarcks bewirkten. In ihrer Wohnung zur Herwarthstraße pflegten die Waldersees nicht nur den Kontakt zum antiliberalen, antisozialistischen und antisemitischen Hofprediger Adolf Stoecker.[55] Sie waren auch mit Prinz Wilhelm und Gattin Viktoria befreundet. „Eine zeitlang" war der spätere Kaiser Wilhelm II. hier sogar „täglich"[56] zu sehen, und wenn das Winterwetter einen kaiserlichen Spaziergang im Tiergarten störte, floh der junge Mann nur allzu gern zu Waldersees.[57]

Waldersee hatte auf Wilhelm II. einen „diabolischen Einfluss"[58], schreibt der Historiker John C. G. Röhl. Mit dieser Nähe war es vorbei, als Waldersee nach einem Manöver die militärischen Fähigkeiten des Kaisers kritisierte;[59] erst 1900, beim enthemmten europä-

Blick auf die Moltkebrücke und in die Moltkestraße im Jahr 1900: Rechts hinter der Brücke ist die Rückseite des Generalstabsgebäudes zu sehen, dahinter die Siegessäule; auf der linken Seite ragt der Reichstag hinter den Wohnhäusern hervor.

Vorherige Doppelseite: Erst „Königsplatz", von 1926 bis 1933 dann „Platz der Republik": Blick vom Reichstag nach Westen auf den Platz der Republik, die Siegessäule und die Kroll-Oper; rechts liegt das Generalstabsgebäude, Fotopostkarte von 1919.

ischen Einsatz gegen den sogenannten Boxeraufstand in China, setzte der Kaiser wieder auf ihn.

Auch Waldersees Nachfolger Alfred Graf von Schlieffen musste sich an den Kaiser gewöhnen. „Um Wilhelm von der verletzenden Gewohnheit abzubringen, Manöverkritik selbst im Generalstabsgebäude zu üben, brachte man ihm 1892 ‚ganz geschickt‘ bei, dort grassierten die Masern! In der Absicht, solche Peinlichkeiten künftig zu vermeiden, entwickelten die Offiziere unter sich das System, wonach sich ein Flügeladjutant vertraulich im Generalstab nach der Lösung Schlieffens erkundigte und anschließend auf Grundlage dieser Kenntnis mit dem Kaiser die entsprechende Stellungnahme ausarbeitete.“[60]

Mit solchen Tricks und Kniffen ließ sich hinter den Mauern des Generalstabsgebäudes in jahrelanger Grübelei über den Karten, Büchern, Fotografien und auf Erkundungsreisen das Geheimnis des perfekten Feldzugs ergründen, wurde diese Arbeit im Zeitalter der wilhelminischen „Weltpolitik“ auch von tagesaktuellen Aufgaben begleitet. Dazu gehörte auch, die brutale Niederschlagung des Herero-Aufstands in Deutsch-Südwestafrika 1904 in die Wege zu leiten und zu dokumentieren.[61]

Von links nach rechts:
Helmuth von Moltke d. Ä. (1800–1891), zunächst Chef des preußischen, später des Großen Generalstabs von 1857 bis 1888;
Alfred von Waldersee (1832–1904), Chef des Großen Generalstabs von 1888 bis 1891;
Helmuth von Moltke d. J. (1848–1916), Chef des Großen Generalstabs von 1906 bis 1914, dann des stellvertretenden Generalstabs.

Ein Ergebnis der jahrelangen akribischen Überlegungen war der sogenannte Schlieffen-Plan.[62] Seine Kernidee lief darauf hinaus, im Fall der Fälle durch das neutrale Belgien zunächst Frankreich und erst dann Russland anzugreifen.
Von diesem Plan rückte auch Schlieffens Nachfolger, Moltkes Neffe Helmuth Johannes Ludwig von Moltke, nicht ab. Er passte ihn allenfalls an. Im Sommer 1914, als sich die Lage nach der Ermordung des österreich-ungarischen Thronfolgers Franz Ferdinand in Sarajewo zuspitzte – und zugespitzt wurde –, stellte sich daher einzig die Frage, ob der voreingestellte Mechanismus schnell genug sein würde, um zügig zwei erfolgreiche Feldzüge nacheinander führen zu können. Was fehlte, war ein Plan B, von einer gesamtheitlichen deutschen Konzeption für den Fall eines Scheiterns gar nicht zu sprechen.
Was es bedeutete, alles auf eine Karte zu setzen, bemerkten die überheblichen Strategen erst, als es zu spät war. Am 1. August 1914, dem Tag der deutschen Kriegserklärung an Russland, machte Russlands Verbündeter Frankreich mobil. Für einen Moment schien es, als sei England zur Neutralität zu bewegen oder gar der Krieg im Westen vermeidbar, und der Kaiser erwog, doch nur im Osten zuzuschlagen.[63] Moltkes Neffe wurde nervös. Zurück im Generalstabsgebäude vergoss er „Tränen der Verzweiflung“[64]: „Ich kann nicht meine Unterschrift, die erste nach Ausspruch der Mobilmachung, unter einen Befehl setzen, der etwas widerruft, was planmäßig vorbereitet ist.“
Stunden später rief man ihn wieder ins Schloss. Der oberste Kriegsherr hatte seine Meinung geändert: „Der Kaiser war sehr erregt und sagte mir: Nun können Sie machen, was Sie wollen. Ich fuhr sofort nach Hause und telegraphierte an die 16. Division, der Einmarsch in Luxemburg solle ausgeführt werden.“
So rückten die deutschen Truppen unterwegs nach Frankreich in Luxemburg und Belgien ein, wo der Widerstand stärker war als gedacht. England kam Frankreich zur Hilfe. Die Schlacht an der Marne wurde zum deutschen Debakel. Die „Urkatastrophe des 20. Jahrhunderts“[65] nahm ihren Lauf.

Erster Weltkrieg und Revolution

Die Hoffnung, den Krieg mit zwei schnellen Feldzügen gegen Frankreich und Russland zu gewinnen, zerschlug sich. Während die Chefs des Generalstabs mit dem „Großen Hauptquartier“ nun von einem frontnahen Standort zum anderen wanderten,[66] war auf dem Königsplatz in Berlin ab September 1915 ein neues Standbild zu bewundern. Es ergänzte die Siegessäule und die vor langer Zeit aufgestellten Denkmäler für Bismarck, Roon sowie Moltke und zeigte Generalfeldmarschall Paul von Hindenburg, dessen Popularität die Propaganda seit dem Sieg über die Russen bei Tannenberg 1914 auszukosten versuchte – in der Pose des Ritters Roland rund 13 Meter hoch.

Jeder Nagel, den man in dieses temporäre Monument aus russischem Erlenholz einschlug,[67] ließ es weiter zum „Eisernen Hindenburg“ werden. Jeder Hammerschlag war ein Ausdruck des „kollektiven Wunsches nach Nervenstärke und Kaltblütigkeit“[68].

Im August 1916 wurde Hindenburg zum Chef des Generalstabs des Feldheeres (Oberste Heeresleitung) ernannt, wobei der Kaiser als oberster Kriegsherr dem „Helden von Tannenberg“ den „Helden von Lüttich“ Erich Ludendorff an die Seite stellte.[69] Sie forderten die „totale Mobilmachung“ und nutzten aus, was sich durch die Schwäche des Kaisers und der Reichsregierung ausnutzen ließ. Manche Historiker reden von einer „stillen Diktatur“[70].

Umso gelassener trat das Duo bei Aufenthalten in Berlin gegenüber den Fraktionsvertretern auf, die sich im Vorfeld der „Friedensresolution des Reichstages“ im Generalstabsgebäude einfanden, um nacheinander aufgerufen zu werden: „Hindenburg und Ludendorff […] empfingen uns mit der größten Liebenswürdigkeit. […] An den Wänden Karten, ebenso auf den Tischen – Hindenburg: ‚Ich nehme an, daß die Herren sich für die militärische Lage interessieren. Ludendorff, informieren Sie die Herren doch.‘“ Der Sozialdemokrat Philipp Scheidemann schwärmte anschließend von der „prächtigen Soldatengestalt“ Hindenburgs und den „klaren blauen Augen“[71] Ludendorffs.

Am 1. August 1914 erklärte Deutschland Russland den Krieg. Zu diesem Anlass fand ein Gottesdienst vor dem Reichstagsgebäude auf dem Königsplatz statt.

Die Postkarte von 1915 erinnert „an die Benagelung des Eisernen Hindenburg zu Berlin“. Gegen Spenden konnten ab dem 4. September 1915 Nägel in die etwa 13 Meter hohe Holzfigur auf dem Königsplatz geschlagen werden.

Ähnlich selbstbewusst scheint Ludendorff auch eine Einrichtung geschaffen zu haben, deren Nachfolger bis heute aktiv ist: die im Generalstabsgebäude im Dezember 1917 gegründete Filmgesellschaft Universum Film AG (UFA).[72] Die stille Arbeit der vielen Abteilungen, die im Krieg zwischen Moltkebrücke und Königsplatz tätig waren,[73] ist dagegen fast vergessen, ob das nun die Eisenbahnabteilung war, das Kriegsarchiv oder die Kartografie. Auch die nachrichtendienstliche „Abteilung III b"[74], die über die Jahre deutlich an Mitarbeiterstärke zunahm, saß im Nordwesten des Königsplatzes.

Im Herbst 1918, wenige Monate, nachdem das Deutsche Reich Russland einen harten Friedensvertrag aufgezwungen hatte, war die Niederlage an der Westfront gleichwohl unausweichlich. Ludendorff vermochte nur noch, in Berlin „die Parteien der Reichstagsmehrheit, allen voran die Sozialdemokraten, mit dem Odium der Niederlage zu belasten und sich selbst klammheimlich aus der Verantwortung zu stehlen"[75]. Dann ging alles sehr schnell: Reform von oben, Revolution von unten, Waffenstillstand. Zwischendrin erklärte der Nachfolger Ludendorffs, Wilhelm Groener, telefonisch aus dem Großen Hauptquartier im belgischen Spa, sich mit der anbrechenden Zeit arrangieren zu wollen.[76]

So hielten es auch die Offiziere, die bei einer Versammlung im Generalstabsgebäude im Dezember dicht an dicht standen: „Zunächst müsse man im Inneren eine Regierungsgewalt wieder aufrichten, die sich durchzusetzen vermöge", sagte Major Kurt von Schleicher. „Wenn der Soldat dabei helfe, könne das verhältnismäßig schnell gehen. Auf der Basis der wiederhergestellten Ordnung müsse man sodann zu einer Gesundung der Wirtschaft kommen." Anschließend könne „an die

Am 9. November 1918 rief der führende Sozialdemokrat Philipp Scheidemann (rechts auf dem Balkon mit ausgestrecktem Arm) von einem Balkon des Reichstagsgebäudes die Republik aus.

Der SPD-Politiker Gustav Noske (1868–1946), erst „Volksbeauftragter für Heer und Marine", ab Februar 1919 dann Reichswehrminister im Kabinett Scheidemann.

Wiederrichtung der äußeren Macht herangegangen werden"[77]. Generalmajor Hans von Seeckt, der sich nach Schleichers Ausführungen erhob, hielt Punkt eins für selbstverständlich. Punkt zwei und drei tauschte er gegeneinander aus.

Die Anpassung des Militärs an die neuen Gegebenheiten, ihr Arrangement mit den gemäßigteren Kräften der Revolution, hatte weitreichende Folgen. Zur Jahreswende, kurz nach dem gewaltsamen Vorgehen gegen eine linke Marinedivision, die den Berliner Stadtkommandanten Otto Wels im Neuen Marstall festgesetzt hatte,[78] verließen die sozialistischen Mitglieder die provisorische Revolutionsregierung. Nun bestand der „Rat der Volksbeauftragten" nur noch aus Vertretern der Sozialdemokraten, geführt von Reichskanzler Friedrich Ebert. Der Sozialdemokrat Gustav Noske wurde zuständig für Heer und Marine. Er übernahm es, im Namen der Übergangsregierung gegen die fortwährenden kommunistisch-sozialistischen Unruhen in der Stadt vorzugehen. Gleich nachdem er am 6. Januar 1919 mit entsprechenden Vollmachten ausgestattet worden war, ging Noske von der Wilhelmstraße zum Generalstabsgebäude, um „mit einigen Offizieren die erforderlichen Maßnahmen zu besprechen"[79]. Auf dem Königsplatz „wogten die demonstrierenden Massen", schrieb er später: „Wenn sie Entschlossenheit gehabt hätten, das Haus zu nehmen, hätte es kaum mit einiger Aussicht auf Erfolg verteidigt werden können." Er betrat das Gebäude, traf die Offiziere. „Rasch wurde erörtert, ob im Augenblick militärisch etwas unternommen werden könnte." Dann vereinbarten sie, die weiteren Vorbereitungen von einem „leicht zu verteidigenden" Mädchenpensionat im ruhigeren Dahlem aus zu treffen.

Wenige Tage später besetzten Regierungstruppen und Freikorps Berlin „nach einem vom Generalstab entworfenen Plan"[80], schlugen den „Spartakusaufstand" nieder und ermordeten die Sozialisten Rosa Luxemburg und Karl Liebknecht.[81] Im März, als Noske Reichswehrminister der nunmehr gewählten Regierung Scheidemann war, gab es bei den Berliner Märzkämpfen sehr viele Tote.

Der Mitbegründer der Kommunistischen Partei Deutschlands, Karl Liebknecht (1871–1919), hielt im Januar 1919 auf dem Dach eines Automobils eine Rede.

Arbeiter, Bürger!

Das Vaterland ist dem Untergang nahe.
Rettet es!
Es wird nicht bedroht von außen, sondern von innen:
Von der Spartakusgruppe.

Schlagt ihre Führer tot!
Tötet Liebknecht!

Dann werdet ihr Frieden, Arbeit und Brot haben!

Die Frontsoldaten

Das Flugblatt rief im Januar 1919 zur Ermordung Karl Liebknechts und anderer Mitglieder des kommunistischen Spartakusbunds auf.

Im Sommer fuhren schließlich auch In den Zelten 23 Soldaten vor. Wo Felicie Bernstein in den 1880er Jahren die ersten impressionistischen Bilder Berlins ausstellte und nur „das Gute und Schöne“[82] sehen wollte, tagte seit dem Frühjahr 1919 der Groß-Berliner „Vollzugsrat der Arbeiter- und Soldatenräte“, der zunehmend von Linkssozialisten dominiert wurde.

Die Zeitung „Die Freiheit“ meldete: „Gestern nachmittag wurde das Gebäude […] von einer etwa fünfzig Mann starken militärischen Abteilung, die auf zwei großen Lastautos mit Maschinengewehren und Flammenwerfern ankam, besetzt“ und durchsucht. Man habe „die verhafteten Mitglieder des Vollzugsrates in einem Auto nach dem Sitz der Garde-Kavellerie-Schützen-Division in der Bendlerstraße geschafft“[83], wo SPD-Mitglieder freikamen und Mitglieder der Unabhängigen Sozialdemokratischen Partei (USPD) vorerst in Haft blieben. Den „roten Vollzugsrat“ ließ Noske bald darauf auflösen.

„Einer muss der Bluthund werden, ich scheue die Verantwortung nicht“[84], hatte er gesagt.

Reichsministerium des Innern

Es dauerte eine Weile, bis in Berlin wieder etwas Ruhe einkehrte, und selbst am Reichstag knallten im Januar 1920 auf einmal Schüsse.[85] Noch während des rechten Kapp-Lüttwitz-Ludendorff-Putschversuchs im März 1920 war die Situation so unüberschaubar, dass der neue Herr des Generalstabsgebäudes mit der Reichsregierung die Flucht ergriff: der liberale Reichsinnenminister Erich Koch-Weser. Seinem Unterstaatssekretär Erich Lewald ließ er vor der Abfahrt nach Dresden nur noch schnell mitteilen, dass dieser „das Ministerium in Pflicht halten möge“[86].

Lewald hat sich wacker geschlagen. Loyal wie immer, zählte er zu den Unterstaatssekretären, die sich den Anordnungen der Putschisten verweigerten und damit für ein rasches Scheitern des Vorhabens sorgten. Er war auch einer von denen, die General Walther von Lüttwitz als Mitglied einer siebenköpfigen Kommission im Reichstagsgebäude zur Aufgabe drängten. 28 Jahre später konnte Lewald so von Theodor Heuss als Vorbild für einen Beamten genannt werden, der „aus der Widerstandspflicht Konsequenzen“[87] gezogen habe. Ein gut gemeintes Lob, obgleich Lewald durch sein späteres Engagement für die Olympischen Spiele 1936 nur bedingt zum Helden taugt.

Das Generalstabsgebäude wurde seit 1919 also von Zivilisten genutzt. Die Sieger des Kriegs hatten mit dem Versailler Vertrag die Auflösung des Generalstabs verfügt; er konnte nur noch verdeckt an einem anderen Ort als „Truppenamt“ fortgeführt werden.[88]

Zugleich hing der Einzug des Reichsministeriums des Innern am Königsplatz mit den organisatorischen Auswirkungen der Weimarer Verfassung zusammen. Sie sah einen Reichspräsidenten vor, für den es in der Berliner „Regierungsmeile“, der Wilhelmstraße, an adäquatem Büroraum mangelte, und die Suche danach führte auf Umwegen zu einem Austausch von Dienstgebäuden – das Auswärtige Amt erhielt bisher vom Reichsamt des Innern genutzte Räume, das neue Reichsministerium des Innern musste in das ehemalige Generalstabsgebäude ziehen.[89]

In der Weimarer Republik zog das Reichsministerium des Innern in das ehemalige Generalstabsgebäude am Königsplatz 6 ein, hier ein Foto aus dem Jahr 1930.

II. Reichsministerium des Innern.

(Berlin NW 40, Am Königsplatz 6, Moltkestraße 8.)

F.: Zentrum 6960—6969, Moabit 1417 und 8892. PSch.: Berlin 2835.

Im Reichsministerium des Innern werden alle Angelegenheiten der inneren Politik und Verwaltung bearbeitet, die nicht besonderen Ministerien — den wirtschaftlichen Ministerien, den Ministerien des Verkehrs, der Justiz und der Reichswehr — zugewiesen sind. Das Nähere ergibt die nachfolgende Übersicht.

Veröffentlichungen:

1. Reichsgesetzblatt. Erscheint nach Bedarf, in der Regel einmal wöchentlich. Verlag: Gesetzsammlungsamt Berlin. Bezug nur durch die Postanstalten. Preis vierteljährlich 18 M.
2. Zentralblatt für das Deutsche Reich. Erscheint nach Bedarf. Carl Heymanns Verlag, Berlin W 8, Mauerstraße 43/44. Bezug durch die Postanstalten und Buchhandlungen. Preis vierteljährlich 24 M.
3. Deutscher Reichsanzeiger, verbunden mit dem Preußischen Staatsanzeiger. Der Deutsche Reichs- und Preußische Staatsanzeiger erscheint täglich abends mit Ausnahme der Sonn- und Feiertage. Verlag der Geschäftsstelle des Reichs- und Staatsanzeigers, Berlin SW 48, Wilhelmstraße 32. Bezug durch die Postanstalten. Preis vierteljährlich 48 M.
4. Handbuch für das Deutsche Reich. Erscheint nach Bedarf, in der Regel jährlich einmal. Carl Heymanns Verlag, Berlin W 8, Mauerstraße 43/44. Bezug durch Buchhandlungen.

Reichsminister: Dr. **Köster**, MdR.

Staatssekretäre: **Freiherr von Welser**, geschäftsführender Staatssekretär des Ministeriums und Vertreter des Ministers / **Schulz**, Staatssekretär als Leiter der Abt. III / Dr. **Brugger**, Staatssekretär als Leiter der Abt. IV.

Ministerial-Bürodirektor: **Lerch**, GRchR.

I. Abteilung
für Politik und Verfassung.

Aufgabenkreis: Durchführung, Schutz und Auslegung der Reichsverfassung (auch Wahlen, Volksentscheid, Länderumbildung); andere Fragen des Staatsrechts und der Staatsgestaltung; Reichstag, Reichsrat, Staatsgerichtshof; Reichsverwaltung (Vereinfachung und Vereinheitlichung, Reichsverwaltungsgericht); Religions- und Kirchenangelegenheiten; Vereine und Versammlungen. Allgemeine Angelegenheiten der inneren Politik; Mitwirkung in wirtschaftlichen Angelegenheiten (Kommunalisierung), Pressedienst und Justitiariat des Ministeriums. — In der Abteilung werden auch Reichshandbuch, Reichsgesetzblatt, Zentralblatt und Reichsanzeiger bearbeitet.

Leiter: Ministerialdirektor Dr. **Brecht**.

Referenten: Ministerialräte Dr. **Kaisenberg** (s. auch Reichsbeauftragter für das Wahlprüfungsverfahren) / Dr. **Auer** / Oberregierungsräte Dr. **Lammers** / **Krause** (zugleich in Abt. VI) / Regierungsrat Dr. **Löwenthal** / Oberbürgermeister a. D. Dr. **Dullo** (zugleich in Abt. V) / Regierungsrat **Mangold** (zugleich in Abt. VII) / Gerichtsassessor Dr. **Rachner** / Dr. **Simons** / Ferner in einzelnen Angelegenheiten Ministerialrat **Donnevert** (s. Abt. III).

II. Abteilung
für Volksgesundheit, Staatsangehörigkeit, Fremdenwesen und Verkehrspolizei.

Aufgabenkreis: Gesundheitswesen (Reichsgesundheitsamt, Medizinalstatistik, Medizinalpolizei, Seuchenbekämpfung, Medizinalpersonen, Medizinalprüfungswesen, Abwässerfragen, Nahrungsmittelverkehr, Apothekenwesen, Veterinärsachen), Alkohol- und Tabakmißbrauch, Rotes Kreuz und freiwillige Krankenpflege, Vogelschutz, Weingesetz, Staatsangehörigkeit (insbesondere auch Niederlassungsverträge), Armenwesen (Bundesamt für das Heimatwesen), Fremdenwesen (insbesondere auch Paßwesen), Kriminalpolizei und verwandte Gebiete, Chemisch-Technische Reichsanstalt, Haushalt des Ministeriums und Rechnungswesen.

Leiter: Ministerialdirektor **Dammann**

Referenten: Ministerialräte **Hering** / Dr. **Hamel** / **Melior** (zugleich in Abt. V) / Dr. **Bourwieg** / Oberregierungsräte Dr. **Taute** / Dr. **Kahler** / Regierungsräte **Ruppert** / Dr. **Wiedel** / Gerichtsassessoren **Krause** / Dr. **Steinhoff** (zugleich in Abt. V).

III. Abteilung
für Bildung und Schule.

Aufgabenkreis: Wissenschaft, Notgemeinschaft der deutschen Wissenschaft, Kunst, Kunstausfuhrverbot, Schulwesen (Grundschule, Neuordnung der Lehrerbildung, Ausführung des Art. 146 Abs. 2 RV., Erziehungsbeihilfen), Volksbildung, Jugendwohlfahrt, körperliche Erziehung (Hochschule für Leibesübungen, Reichsbeirat für körperliche Erziehung), Physikalisch-Technische Reichsanstalt, Reichsarchiv, Lichtspielwesen (Reichsfilmstelle, Filmprüfstellen), Bekämpfung von Schund und Schmutz in Literatur und Kunst, Einheitskurzschrift.

Leiter: Staatssekretär **Schulz**.

Referenten: Ministerialräte Dr. **von Zahn** / **Donnevert** (s. auch Abt. I) / **Pellengahr** / Frau Dr. **Bäumer** / Oberregierungsrat **Scheer** / Regierungsräte **Wollenburg** / Dr. **Schwarz** / Dr. **Becker** / Ministerialrat Dr. **Karstädt**, GRgR. / Dr. **Mallwitz** / Lehrer **Lang**.

IV. Abteilung
für die besetzten rheinischen Gebiete.

Aufgabenkreis: Angelegenheiten der besetzten rheinischen Gebiete, Reichskommissariat für die besetzten rheinischen Gebiete in Coblenz.

Leiter: Staatssekretär Dr. **Brugger**.

Referenten: Ministerialräte Dr. **Graf Adelmann von Adelmannsfelden**, GRgR. / **Foerster**, GRgR. (zugleich in Abt. VI) / Dr. **Schneider** / Regierungsrat Dr. **Mayer** / Oberbürgermeister Dr. **Janke** (zugleich in Abt. V und VI) / Regierungsassessor **Elfgen** / **Profit** / Gerichtsassessor Dr. **Lehmacher**.

V. Abteilung
für Beamtenfragen und für Angelegenheiten der Grenz- und Wanderdeutschen.

Aufgabenkreis: Schaffung eines neuen Reichsbeamtenrechts, Durchführung des Reichsbeamtenrechts, Beamtenbildungswesen, wirtschaftliche Beamtenfürsorge (Wohnungen, Krankenfürsorge, Erholungsheime, Konsumvereine, Darlehnsver-

Mehr als ein Dutzend verschiedene Minister führten dieses Ministerium in den Jahren zwischen 1919 und 1933. Unter ihnen waren Linksliberale wie Erich Koch-Weser, Nationalliberale wie Karl Jarres, Nationalkonservative wie Walter von Keudell, Sozialdemokraten wie Wilhelm Sollmann und Carl Severing. Auch ein Zentrumsmitglied war Innenminister, Joseph Wirth.

Ihre Wirkmöglichkeiten waren nicht nur der schnellen Wechsel wegen beschränkt. Vielmehr gab es in der föderalen Republik auch noch die Innenminister der Länder – insbesondere den preußischen. Und mit Blick auf den fehlenden nachgeordneten Verwaltungsapparat wird das Reichsministerium des Innern auch häufig als „Dame ohne Unterleib“[90] beschrieben.

Arbeit gab es trotzdem genug. Im Reichsministerium des Innern wurden „alle Angelegenheiten der inneren Politik und Verwaltung bearbeitet, die nicht besonderen Ministerien […] zugewiesen worden sind“[91], hieß es in der Selbstbeschreibung 1922. Die wichtigste Abteilung befasste sich mit „Politik und Verfassung“, wozu auch „Schutz und Auslegung der Reichsverfassung“ zählten. Eine zweite kümmerte sich um „Volksgesundheit, Staatsangehörigkeit, Fremdenwesen und Verkehrspolizei“. Eine dritte Abteilung galt „Bildung und Schule“, damit auch der „Bekämpfung von Schund und Schmutz in Literatur und Kunst“[92]. Als Ministerialrätin war hier die liberale Reichstagsabgeordnete Gertrud Bäumer tätig, eine der ersten Frauen in einer Spitzenposition der Ministerialbürokratie.[93]

Dazu existierten zwischen Herwarthstraße, Moltkestraße und Königsplatz bald die unterschiedlichsten Einrichtungen wie der Reichskommissar für Überwachung der öffentlichen Ordnung, der von 1920 bis 1929 die Links- und Rechtsextremisten im Land zu beobachten hatte, oder der Reichskunstwart, der zum Beispiel Verfassungsfeiern organisierte und der Republik auf diesem Wege eine Art „Corporate Identity“ zu verschaffen versuchte.[94]

Die Filmoberprüfstelle befand sich ebenfalls hier. In ihr spielten sich mitunter seltsame Szenen ab. Harry Graf Kessler, ein Intellektueller, der unter anderem Mäzen und Verleger war, wurde 1932 etwa als Sachverständiger zu einer Sitzung über Bertolt Brechts Film „Kuhle Wampe“ gebeten („Brecht anwesend“). Er musste mit anhören, wie ein Vertreter

1974 gab die Bundesrepublik Deutschland eine Briefmarke zu Ehren der Frauenrechtlerin und Politikerin der Deutschen Demokratischen Partei (DDP) Gertrud Bäumer heraus, die ab 1920 auch Ministerialrätin im Reichsministerium des Innern war.

Aufbau des Reichsministeriums des Innern, Auszug aus dem „Handbuch für das Deutsche Reich“, Berlin 1922.

des Innenministers dürftig, aber erfolgreich für die „Aufrechterhaltung des Verbots wegen Verächtlichmachung der Kirche, der Sozialdemokratischen Partei und des preußischen Richterstands“ plädierte: „In Wirklichkeit passt ihnen die kommunistische Tendenz nicht.“ Anschließend notierte er: „Wenn ich an die Aufführung von Stücken wie Hauptmanns ‚Weber‘ und ‚Biberpelz‘ unter dem Kaiserreich denke […], dann frage ich mich, ob die Republik nicht ängstlicher und kulturell reaktionärer als das Kaiserreich geworden ist, oder richtiger nicht die ‚Republik‘, sondern die republikanische Bürokratie.“[95]

In jenem Trakt des Generalstabsgebäudes, in dem der ältere Moltke gelebt hatte, konnten die Bürger der Weimarer Republik an Sonn- und Feiertagen unterdessen ein „Moltke-Zimmer“ bewundern wie ein Heiligtum: „Das Eintrittsgeld beträgt 30 Pfennige, für Kinder 10 Pfennige, bei Besuch von Vereinen, geschlossenen Gesellschaften und Lehranstalten […] für jede Person 10 Pfennige“[96]. Es zeigte Ausstellungsstücke wie Moltkes Totenmaske, Notizen zum Zweifrontenkrieg und ein an den Kaiser gerichtetes Schreiben, in dem sich Moltke über die ständige Sabotage Bismarcks beklagte.[97]

Bei der Einweihung Ende Oktober 1926 bezeichnete Innenminister Wilhelm Külz das Gesamtkunstwerk damals als „Stätte des Dankes, der Ehrfurcht und der Mahnung“: „Des deutschen Mannes wahre Rede ist die Tat.“ Aber gegen den „Stargast“ der Feierstunde kam er nicht an: Reichspräsident Paul von Hindenburg hatte für die Einweihung eigens die Uniform des Generalfeldmarschalls angelegt. Er sprach davon, wie er selbst einst bei Moltke vorgetragen[98] und bei Berlin-Aufenthalten im Weltkrieg die Räume bewohnt hatte.

Und er trat als Erster in das Zimmer hinein.[99] Es ist kaum davon auszugehen, dass der zentrale Propagandist der „Dolchstoßlegende“ beim Blick durch das Fenster einen „Platz der Republik“ erspähte, obwohl genau das seit wenigen Monaten der Name für den Königsplatz war.

Die „Vossische Zeitung“ berichtete am 26. Oktober 1926 über die Eröffnung des Moltke-Zimmers.

Hindenburg weiht das Moltke-Zimmer ein

Heute vormittag wurde das Gedächtniszimmer für den Feldmarschall Moltke im jetzigen Reichsministerium des Innern in Anwesenheit des Reichspräsidenten, des Reichswehrministers Dr. Geßler, des Generalleutnants Heye und Mitgliedern der Familie Moltke eröffnet. Reichsinnenminister Dr. Külz hielt die Begrüßungsansprache, in der er als Sinn dieser Gedächtnisstätte, wie jeder Traditionspflege überhaupt, den Zusammenhang mit der Vergangenheit über die Gegenwart hinaus in die Zukunft betonte.

Nach dem Reichsinnenminister sprach der neue Chef der Obersten Heeresleitung, Generalleutnant Heye, im Namen des Reichsheeres dem Reichsinnenminister für die Schaffung des Moltkezimmers seinen Dank aus. Die Reichswehr sei im Sinne des großen Schweigers erzogen worden.

Reichspräsident v. Hindenburg erinnerte in seiner Rede an seinen militärischen Dienst unter Moltke. Zehn Jahre lang habe er in diesen Räumen gearbeitet und wiederholt Moltke Vortrag gehalten. Auch in den schweren Jahren von 1914 bis 1918 habe er hier gewohnt, wenn er in Berlin weilte. Er dankte zum Schluß dem Minister Külz für seine Initiative.

Im Reichsministerium des Innern wurde 1926 das frühere Arbeitszimmer vom Chef des Großen Generalstabs, Helmuth Graf von Moltke d. Ä., als Gedächtnisstätte eingeweiht. Neben den Originalmöbeln war auch seine Totenmaske zu sehen.

„Dritte Reich“ und H

auptstadt „Germania“

11. April 1944

„Ostern in dieser absurden Stadt! Saß bei strahlender Sonne lange an dem bizarrsten Platz, der sich vorstellen läßt, hinter dem Reichstag. Ehe der Krieg begann, wurde ein riesiges Gelände für Parteibauten ausgeschachtet, auf das inzwischen die Bomben gefallen sind. So entstand inmitten der Hieronymus-Bosch-Landschaft ein See, mehrere Meter tief, umrahmt von der Ruine des ehemaligen Generalstabsgebäudes, in dessen Kellern jetzt die Polizei haust, und den zerstörten Villen der diplomatischen Vertretungen, von denen nur noch die des Schweizer Konsulats erhalten ist. Auf diesem See spielen verbotenerweise Kinder, die sich aus verkohlten Brettern Flöße gebaut haben."

Ursula von Kardorff (1911–1988), Journalistin, „Berliner Aufzeichnungen 1942–1945"

Fassade der Legalität

Die Weimarer Republik sei eine „Republik ohne Republikaner" gewesen, wird oft gesagt. Es gab aber durchaus welche, nur eben zu wenige, und wenn es „Vernunftrepublikaner" waren wie Außenminister Gustav Stresemann. Den Friedensnobelpreisträger sah man hin und wieder im ehemaligen Palais Wesendonck, In den Zelten 21, wo sich der Reichsklub der Deutschen Volkspartei befand.

Die außenpolitisch stabilisierte Demokratie geriet allerdings innerhalb weniger Jahre erneut in innenpolitische Turbulenzen. Sie führten zum Ende der Weimarer Republik, und nicht wenige begannen zu spüren, was die Machtübernahme der Nationalsozialisten bedeuten könnte. In den Zelten 21a wohnte der langjährige Pressechef des sozialdemokratisch geprägten preußischen Staatsministeriums, Hans Goslar, mit seiner Familie. Seit 1919 hatte Goslar versucht, den Bürgern der Weimarer Republik die Vorzüge der „Verfas-

Hans Goslar mit seiner Tochter Hannah 1932 im Tiergarten. Goslar starb 1945 im Konzentrationslager Bergen-Belsen, seine Tochter überlebte den Holocaust und wohnt heute in Israel.

Vorherige Doppelseite: Architekturmodell der von Albert Speer geplanten Reichshauptstadt „Germania" von 1939, hier der Blick durch den Triumphbogen auf die Große Kuppelhalle.

sung von Weimar" näherzubringen – nach den Landtagswahlen 1932, mit denen die demokratischen Parteien Preußens in die Minderheit gerieten, kurz vor dem „Preußenschlag" im Juli, mit dem Reichskanzler Franz von Papen auch die Regierungsgeschäfte in Preußen übernahm, war jedoch in der Zeitung von Goslars unbefristeter Beurlaubung zu lesen.[101]

Goslar warnte noch einmal vor der „Riesenwelle fanatischen Judenhasses"[102], die sich aufzutürmen begann. Nach der Machtübernahme der Nationalsozialisten Anfang 1933 dann verließ er, einer der jüdischen Bewohner der Straßen am ehemaligen Generalstabsgebäude, das Reich.[103] Töchterchen Hannah wird sich in Amsterdam mit einem Nachbarskind namens Anne Frank anfreunden.[104]

Die Gegend am Platz der Republik, der jetzt wieder Königsplatz[105] hieß, wurde zusehends von den Vertretern der neuen Ära geprägt. Das lag nicht nur daran, dass in das Eckhaus In den Zelten 21, in dem sich lange vor Stresemanns Reichsklub schon die Schauspielschule Max Reinhardts befunden hatte,[106] 1934 der Bischof der neuen Reichskirche, Ludwig Müller, einzog, oder am Büro des Reichsjugendführers Baldur von Schirach am Kronprinzenufer 10.

Vielmehr war der Auftakt des „Dritten Reichs" auch hier mit roher Gewalt verbunden: Im Mai 1933 wurde Magnus Hirschfelds Institut für Sexualwissenschaft, das sich In den Zelten 10 und 9a befand, wo auch Hirschfelds Schwester Recha Tobias wohnte, geplündert und zerstört. Die Bücher wurden zum Opernplatz gebracht und verbrannt, in den Räumen machte sich nach der Beschlagnahmung unter anderem der „Gesamtverband deutscher antikommunistischer Vereinigungen"

Im Mai 1933 verwüsteten Nationalsozialisten das Institut für Sexualwissenschaft von Magnus Hirschfeld.

Wilhelm Frick (1877–1946) war von 1933 bis 1943 Reichsminister des Innern. Bei den „Nürnberger Prozessen" wurde er 1946 zum Tode verurteilt.

breit.[107] Es dürfte sich auch herumgesprochen haben, dass bereits seit März 1933 Juden, Kommunisten, Sozialdemokraten und Intellektuelle im nahen Universum Landes-Ausstellungs-Park jenseits der Spree misshandelt wurden.[108]
Die Kroll-Oper, die eben noch mit dem Kongress „Das Freie Wort" von Willi Münzenberg und anderen Ort der letzten großen Protestveranstaltung der Weimarer Republik gewesen war, wurde nach dem Reichstagsbrand zum Symbol für die Selbstentmachtung des Parlaments – hier wurde am 23. März 1933 das Ermächtigungsgesetz beschlossen. Sie war eine der haarsträubendsten Propagandabühnen des „Dritten Reichs".
Im Reichsministerium des Innern wiederum machte sich der „Legalist des Unrechtsstaates"[109] ans Werk, ein Mann, dessen Wirken der Zerschlagung von Demokratie und Rechtsstaat den Anstrich der Legalität zu geben vermochte. Gemeinsam mit seinen Mitarbeitern schuf Innenminister Wilhelm Frick, der 1930/31 bereits Innenminister in Thüringen gewesen war, die „legalen" Grundlagen für die rasante Machtentfaltung des nationalsozialistischen Regimes, die Ausschaltung seiner Gegner und die Entrechtung der Juden in Deutschland.
Frick verlor keine Zeit. Gleich nach dem Reichstagsbrand am 27. Februar 1933 formulierte er die dann von Reichspräsident Hindenburg als Notverordnung erlassene Verordnung „zum Schutz von Volk und Staat", mit der die Grundrechte außer Kraft gesetzt und „ein permanenter Ausnahmezustand"[110] herbeigeführt wurden – der Startschuss für die Hetzjagd auf politische Gegner. Auf dieser Grundlage wurden im März auch die politischen Mandate der KPD annulliert.
Von der Notwendigkeit des im März 1933 durchgepaukten „Ermächtigungsgesetzes" hatte Frick bereits im Januar gesprochen. Gleichzeitig trieb er einen Prozess voran, den die Nationalsozialisten „Gleichschaltung" nannten. Er ließ das Parteivermögen von Kommunisten und Sozialdemokraten beschlagnahmen und erklärte die SPD zur „volks- und staatsfeindlichen Organisation". Nach der Selbstauflösung der bürgerlichen Parteien

drängte er auf ein „Gesetz gegen die Neubildung von Parteien". Niemand hat ihn gestoppt. In dem von Fricks Ministerium formulierten „Gesetz zur Wiederherstellung des Berufsbeamtentums" stand dabei nicht nur: „Beamte, die nach ihrer bisherigen politischen Betätigung nicht die Gewähr dafür bieten, daß sie rückhaltlos für den nationalen Staat eintreten, können aus dem Dienst entlassen werden". Es enthielt auch den Satz: „Beamte, die nicht arischer Abstimmung sind, sind in den Ruhestand zu versetzen" – der erste „Arierparagraf".

Innenminister Wilhelm Frick spielte also eine Schlüsselrolle bei der Etablierung der nationalsozialistischen Herrschaft, bevor sein Ministerium, das 1934 mit dem preußischen Innenministerium zum Reichs- und Preußischen Ministerium des Inneren vereint wurde[112], ein wenig an Bedeutung verlor. Zu der Fülle antisemitischer und erbgesundheitlicher Maßnahmen, die in seinen Büros besprochen und zu Papier gebracht wurden,[113] zählen auch die „Nürnberger Gesetze", die kaum so unvorbereitet entstanden sein dürften, wie es im Nachhinein dargestellt wurde, um von der Mitverantwortung der Ministerialbürokratie abzulenken.[114]

Einer der beiden Autoren des amtlichen Kommentars zum Gesetz, der in der Abteilung I tätige Beamte Hans Globke, wird später Staatssekretär in Konrad Adenauers Bundeskanzleramt sein.[115]

Eröffnungssitzung in der Kroll-Oper am 21. März 1933: Nach dem Brand des Reichstagsgebäudes hielt der Reichstag hier seine Sitzungen ab; Reichstagspräsident Hermann Göring und die Mitglieder der NSDAP-Fraktion haben die Hand zum Hitlergruß erhoben.

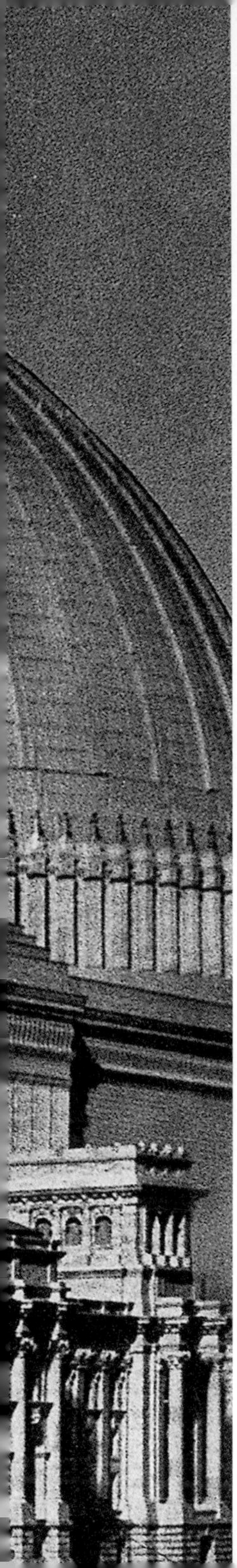

Albert Speers Hauptstadtpläne

Die Folgen der Rassengesetze wurden gleich in einem Nachbargebäude an der Bismarckstraße registriert. Seit dem „Gesetz zum Schutz des deutschen Blutes und der deutschen Ehre“ vergehe „naturgemäss kein Tag“, „ohne dass von Reichsangehörigen Anfragen nach der Möglichkeit einer Übersiedlung in die Schweiz einlaufen“, schrieb der Handelsattaché der Schweizer Gesandtschaft Ende September 1935 nach Bern. Er empfand den Andrang als „etwas beängstigend, wollen wir uns nicht der Gefahr aussetzen, in einem Jahrzehnt auch in der Schweiz ein Judenproblem zu haben“.[116]

Bald gab es allerdings noch ein Problem: Wo sich die Botschaft befand, im Alsenviertel, sollte bis 1950 das Prunkstück der Reichshauptstadt „Germania“ entstehen – eine „Große Halle“, deren Kuppel am nördlichen Ende der Nord-Süd-Achse das 17-fache Volumen der Kuppel des Petersdoms in Rom haben sollte. Ihr Mittelpunkt hätte sich über der Spree befunden. Sie sollte die Bauten des „einzigen Rivalen in der Welt, Rom,“ wie „Spielzeuge“[117] aussehen lassen. Für die westliche Seite des Königsplatzes, mit einem zentrierten Eingang aus Stahl, der Paul Wallots Reichstag gegenübergelegen hätte, hatte er ein fast fensterloses „Führerpalais“ mit ermüdend langen Korridoren und Hitlers Arbeitszimmer geplant.[118]

Diesen Palastbau, zu dem ein großer Speisesaal, ein Theater sowie ein Palmen- und Gewächshaus im

Adolf Hitler (1889–1945) verlieh 1943 den Fritz-Todt-Ring an Albert Speer (1905–1981).

Modell der Großen Kuppelhalle als Abschluss der Nord-Süd-Achse durch Berlin. Die Zeichnung, die den Vergleich mit dem Brandenburger Tor und der Kuppel des Reichstags ermöglicht, demonstriert die Dimensionen der Architekturplanungen im „Dritten Reich“.

Garten gehörten, hat Speer in seinen Erinnerungen ausgemalt, als habe er existiert: „Von seinem privaten Wohnbezirk konnte Hitler durch eine Folge von Wandelhallen in den großen Kuppelbau gelangen. Auf der anderen Seite schloss sich unmittelbar sein Arbeitstrakt an, in dessen Zentrum der Arbeitssaal liegen sollte […]. Und inmitten dieser Pracht hätte Hitler in seinem relativ bescheiden bemessenen Schlafzimmer seine weiß lackierte Bettstelle aufgestellt […].“[119] Weiter südlich, am unteren Ende der Nord-Süd-Achse, sollte ein auf das 50-Fache des Arc de Triomphe in Paris berechneter Triumphbogen errichtet werden.

Kurzum: Das Vorhaben war so unerhört groß und gewaltig, dass allein der Gedanke an Speers Pläne bis heute die Erinnerung an den alten Spreebogen auszuradieren vermag.

Dabei war Speer nicht einmal der Erste, der dem Viertel ein neues Gesicht zu geben versuchte. Von einer Nord-Süd-Achse für Berlin war bereits vor dem Ersten Weltkrieg die Rede. Städteplaner im Kaiserreich schwärmten zudem für die Idee, „den Königsplatz, an dem schon das Reichstagsgebäude, die Siegessäule, das Generalstabsgebäude liegen, zu einem Forum des

Der Schweizer Stadtplaner Martin Mächler stellte bereits vor dem Ersten Weltkrieg Pläne für eine Nord-Süd-Achse in Berlin vor, die 1920 in überarbeiteter Form veröffentlicht wurden. Die Reichsministerien sollten im Spreebogen angesiedelt werden.

Im Rahmen eines Wettbewerbs zur Erweiterung des Reichstags legte 1929 der Berliner Architekt Hans Poelzig (1869–1936) diesen Entwurf für die Neugestaltung des Platzes der Republik vor. Neue Ministeriumsbauten sollten den Spreebogen ausfüllen.

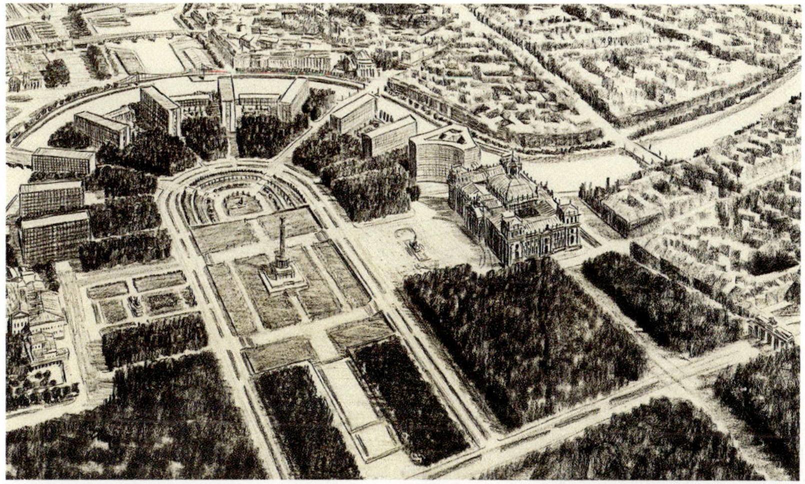

Volkes und Heeres weiter anzubauen“[120]. Im Ersten Weltkrieg fabulierte man von einem „Deutschen Forum“ samt Pantheon zum Opfergedenken, und nach Kriegsende schlug der Architekt Otto Kohtz vor, auf dem Grün zwischen Moltke- und Roonstraße ein monumentales Pyramiden-Hochhaus zu bauen. Die Skizzen sehen aus wie Kulissenentwürfe für einen Endzeitfilm.

Die Weimarer Politik, die über die Zentralisierung der Reichsbehörden und zeitgemäße Formen der Staatsrepräsentation nachdachte, ließ sich von der Fantasie der Architekten durchaus inspirieren. Sie schwärmte für die städtebaulichen Überlegungen des Schweizer Stadtplaners Martin Mächler, der 1920 den Plan einer Nord-Süd-Achse publizierte, die einen Spreebogen voller Ministerialbauten enthielt. Auch interessierte sie sich für die kühne Hochhausgruppe, die Hans Poelzig 1929 bei einem Wettbewerb zur Erweiterung des Reichstagsgebäudes entlang des Spreebogens vorschlug, obwohl die Umsetzung „die Niederreißung eines ganzen Stadtviertels“ bedeutet hätte.[121]

Letzterer ist der Professor, der es 1925 mit Blick auf die mangelnden Zeichenkünste des Studenten abgelehnt hatte, Albert Speer in sein Seminar aufzunehmen.[122]

Visionäre Hochhausgestaltung des Architekten Otto Kohtz (1880–1956) für ein „Reichshaus“ am Königsplatz aus dem Jahr 1920.

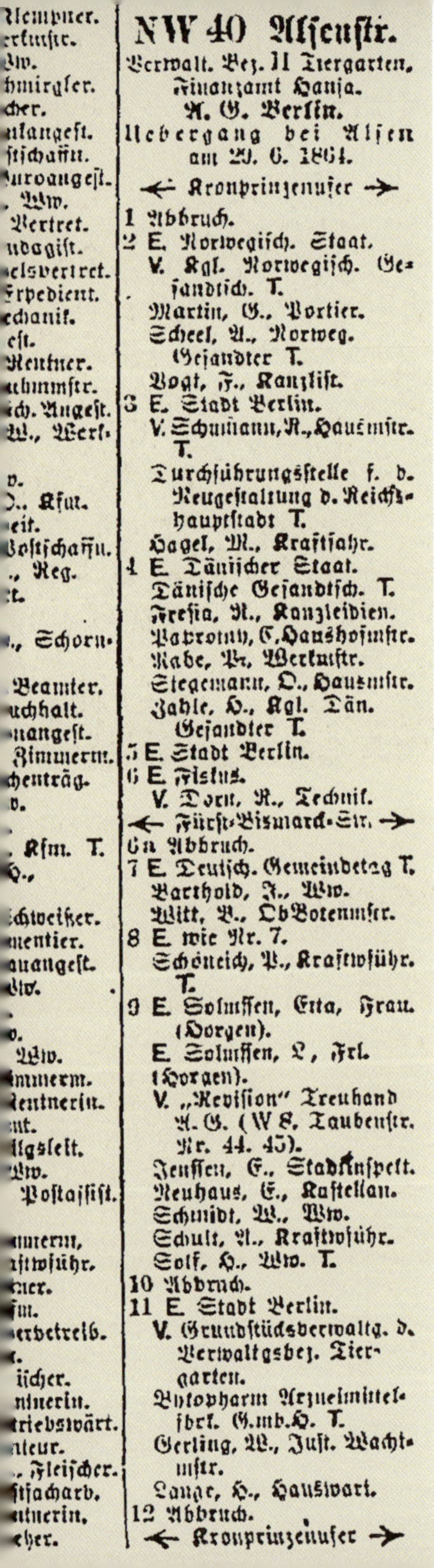

NW 40 Alsenstr.
Verwalt. Bez. 11 Tiergarten.
Finanzamt Hansa.
A. G. Berlin.
Uebergang bei Alsen am 29. 6. 1864.
← Kronprinzenufer →
1 Abbruch.
2 E. Norwegisch. Staat.
V. Kgl. Norwegisch. Gesandtsch. T.
Martin, G., Portier.
Scheel, A., Norweg. Gesandter T.
Vogt, F., Kanzlist.
3 E. Stadt Berlin.
V. Schumann, R., Hausmstr. T.
Durchführungsstelle f. d. Neugestaltung d. Reichshauptstadt T.
Hagel, M., Kraftfahr.
4 E. Dänischer Staat.
Dänische Gesandtsch. T.
Fresia, R., Kanzleidien.
Patrowny, C., Haushofmstr.
Rabe, P., Werkmstr.
Stegemann, O., Hausmstr.
Zahle, H., Kgl. Dän. Gesandter T.
5 E. Stadt Berlin.
6 E. Fiskus.
V. Dorn, R., Technik.
← Fürst-Bismarck-Str. →
6a Abbruch.
7 E. Deutsch. Gemeindetag T.
Barthold, J., Ww.
Witt, B., ObBotenmstr.
8 E. wie Nr. 7.
Schöneich, P., Kraftwführ. T.
9 E. Solmssen, Etta, Frau. (Horgen).
E. Solmssen, L., Frl. (Horgen).
V. „Revision" Treuhand A.-G. (W 8, Taubenstr. Nr. 44. 45).
Jenssen, E., StadtInspekt.
Neuhaus, E., Kastellan.
Schmidt, W., Ww.
Schult, A., Kraftwführ.
Solf, H., Ww. T.
10 Abbruch.
11 E. Stadt Berlin.
V. Grundstücksverwaltg. d. Verwaltgsbez. Tiergarten.
Bytopharm Arzneimittelfbrk. G.m.b.H. T.
Gerling, W., Just. Wachtmstr.
Lange, H., Hauswart.
12 Abbruch.
← Kronprinzenufer →

Räumung des Viertels

Als die Arbeiten für die von Speer geplante Reichshauptstadt „Germania" 1938 begannen, zählte die Schweizer Gesandtschaft an der Bismarckstraße zu den Immobilienbesitzern des Viertels, die einen Grund für den verzögerten Auszug vorbringen konnten. Beim Innenausbau des Ersatzdomizils in der Lichtensteinallee pochten die Schweizer „auf einen Schweizer Architekten, was den Umzug beträchtlich verzögerte"[123]. Im Zweiten Weltkrieg wurde das neue Gebäude schließlich auch noch von einer Bombe getroffen, also blieben sie vor Ort.

Die Umzüge, die für Speers Baumaßnahmen notwendig wurden, taugen allerdings nicht oft zu Anekdoten. Das beginnt man zu ahnen, sobald man die Geschichte der norwegischen Botschaft in der Alsenstraße aufschlägt. Denn die Rauchstraße 11, in der Norwegens Diplomaten einen Neubau erhalten sollten, war keineswegs frei. Dort befand sich die Villa eines jüdischen Industriellen. Im Februar 1938 stand bei ihm ein Vertreter der Stadt vor der Tür. Er schlug vor, das Gebäude für 250.000 Reichsmark zu übernehmen. Ein viel zu niedriger Preis, heißt es in der Botschaftsgeschichte. Wilhelm Meinhardt habe 600.000 Reichsmark gefordert. Aber seine Familie wurde zum festgesetzten Preis enteignet, und als sie nach einem vorübergehenden Hotelaufenthalt nach England auswich, hatte sie 400.000 Reichsmark „Fluchtsteuer" zu zahlen.[124]

Die Berliner Historikerin Susanne Willems zeigt in ihrer Studie „Der entsiedelte Jude", dass Speers „Griff nach dem Wohnraum von Juden" sich auch auf dem Mietmarkt beobachten lässt, wo er ab Herbst 1938 systematisch erfolgte: „Bereits im ersten Jahr der Durchführung der Neugestaltung hatte sich erwiesen, daß der Berliner Wohnungsmarkt den zusätzlichen Wohnungsbedarf nicht decken konnte, den die Grundstücksräumungen in den Neugestaltungsbereichen erzeugten."[126] Speer und die Verwaltung, die ihn unterstützte, begannen nun einen perfiden Mechanismus zu entwickeln, um dem Projekt zum Erfolg zu verhelfen. Knapp formuliert: Die Baustelle verdrängte die Mieter in den Ab-

Im Berliner Adressbuch für das Jahr 1940 sind zum Abbruch vorgesehene Häuser vermerkt, hier Beispiele aus der Alsenstraße.

bruchgebieten, diese wiederum verdrängten andernorts wohnende Juden.
Im Sommer 1939 wurden Zielgebiete für die Umsiedlungen von Mietern der Abbruchgebiete intern als „Judenreine Gebiete“ bezeichnet und entsprechend kartiert. Mit dem Begriff waren die „vom Generalbauinspekteur angeordneten Bezirke“ gemeint, die für die Ansiedlungen „völlig judenfrei zu machen sind“[127], womit man zunächst die Zwangskündigungen der Mieter durch ihre Vermieter meinte. Bald gerieten alle von Juden gemieteten Wohnungen Berlins ins Visier. Ab 1941 rollten große Räumungswellen, die Tausende von Wohnungen mit Abertausenden jüdischen Bewohnern erfassten.[128]
Die gezielte Verelendung, die das für die betroffenen Juden bedeutete, hat Susanne Willems am Beispiel eines 1941 geräumten Mietshauses am Schiffbauerdamm 29 rekonstruiert. Das Haus befand sich dort, wo heute das Marie-Elisabeth-Lüders-Haus des Deutschen Bundestags an der Spree steht. „Die Räumung des Grundstücks“, stellt Susanne Willems fest, „stieß andernorts in Berlin ab Februar 1941 binnen Kurzem 28 Berliner jüdische Familien in die Wohnungslosigkeit“[129]. Wer keinen Unterschlupf bei Freunden und Verwandten fand, sei „zwangsweise bei anderen Juden einquartiert“ worden.
Ihre Studie beginnt nicht von ungefähr mit den Deportationszügen, die ab Oktober 1941 von Berlin aus in die Ghettos und Vernichtungslager nach Osten geschickt wurden.[130]

Auch das Haus Schiffbauerdamm 29 musste Albert Speers Neubauplänen weichen. An die jüdischen Mieter, die ihre Wohnung 1941 ohne Ersatzansprüche räumen mussten, und an deren Angehörige erinnern Stolpersteine, die der Kölner Künstler Gunter Demnig 2015 verlegte. Die Patenschaft übernahmen Abgeordnete aller Bundestagsfraktionen.

Um den Königsplatz tobten heftige Kämpfe. Deutsche Soldaten verschanzten sich kurz vor Kriegsende im Keller des früheren Generalstabsgebäudes.

Krieg und Kriegsende

Der Kriegsausbruch, von Adolf Hitler am 1. September 1939 mit einer Lügenrede in der Kroll-Oper verkündet, trug ebenfalls nicht zum zügigen Ablauf des Reichshauptstadt-„Germania"-Vorhabens bei. Es gelang zwar, ganze Straßenzüge abzutragen, besonders im östlichen Spreebogen, wo 1938 noch die Münchner Wanderausstellung „Entartete Kunst" gezeigt worden war.[131] Auch war der Königsplatz durch die Vorarbeiten für den notwendigen „Spreedurchstich" und Tunnelarbeiten zu einer Baustelle geworden.[132]
Noch drei Jahre nach Kriegsbeginn aber verzeichneten die Adressbücher neben vielen Häusern mit dem Vermerk „Abbruch" Menschen, die im Spreebogen wohnten – wie Johanna Solf, die Witwe des langjährigen deutschen Gesandten in Tokio, Wilhelm Solf. Gemeinsam mit ihrer Tochter Lagi versuchte Solf einzelnen Juden pragmatisch zu helfen, und in ihrer mit ostasiatischen Gegenständen geschmückten Wohnung an der Alsenstraße 9[133]

trafen sich immer wieder regimekritische Mitarbeiter des Auswärtigen Amts, bis das Haus schräg gegenüber von dem abgerissenen Palais Paul Mendelssohn-Bartholdys[134] im November 1943 ausgebombt wurde und Solf nach Bayern auswich.[135]

Kriegsende im Mai 1945: Soldaten der Roten Armee marschierten durch die Moltkestraße, im Hintergrund das Reichstagsgebäude.

Die Namen des „Solf-Kreises" waren da aber durch einen Spitzel, der an einer Geburtstagsfeier bei Elisabeth von Thadden teilgenommen und die vermeintlich „defätistischen" Gesprächsthemen notiert hatte, längst an die Geheime Staatspolizei gelangt. Man hatte wohl über die drohende Niederlage im Osten gesprochen, die Zeit nach Hitler, die womöglich angebrachte Kooperation mit Briten und Amerikanern, und zu allem Überfluss fielen die Worte, „dass die jetzige deutsche Staatsführung an die Wand gestellt werden müsse".

Im Januar 1944 wurden Mutter und Tochter Solf verhaftet wie andere Teilnehmer der Feier und des „Solf-Kreises" auch. Er ist „zwar nicht als Teil des Widerstandes zu bezeichnen, aber als Gruppierung der traditionellen Elite, die aus politischen Gründen das Regime ablehnte, gehörte er zu der Basis, auf die der Widerstand angewiesen war und aus der er sich rekrutieren konnte"[136]. Viele der Verhafteten wurden ermordet. Johanna und Lagi Solf überlebten. Ernst Ludwig Heuss, der Sohn des späteren Bundespräsidenten Theodor Heuss, vermochte sie kurz vor Kriegsende aus dem Gefängnis zu befreien.[137]

Bei den Bombenangriffen im November 1943, die heftiger waren als alle Angriffe auf Berlin zuvor und die Bewohner zu Hunderttausenden aus der Stadt trieben,[138] wurden auch die Häuser entlang der Straße In den Zelten und das Generalstabsgebäude zerstört.[139] Gemeinsam mit Speers Arbeitern schufen die Bomber so die Kulisse, durch die sich sowjetische Soldaten im Frühjahr 1945 zum Reichstag vorkämpften. Für sie galt das Generalstabsgebäude als „Haus Himmlers", was trotz Umzug und geplantem Abbruch nicht ganz falsch war: Der Reichsführer SS hatte Wilhelm Frick 1943 als Reichsinnenminister abgelöst. Aber er hat sich nicht einmal im Komplex Unter den Linden/Dorotheenstraße, wohin schon Frick umgezogen war, oft gezeigt.[140]

Die Rotarmisten standen vor dem Backsteinbau, kaum dass sie die Spree an der umkämpften Moltkebrücke überwunden hatten: „Vor ihnen, den Weg versperrend, erhob sich ein großes, düsteres Gebäude mit Erdwällen vor den unteren Etagen. Mit Wänden von zwei Metern Dicke, mit Fenstern und Türen, die durch Ziegelsteine versperrt waren, mit Schießscharten in den Fensteröffnungen", beschreibt ein sowjetischer Kriegsbericht den Weg der kämpfenden Männer in das frühere Generalstabsgebäude. Den Soldaten sei es gelungen, „in den Hof" des Gebäudes einzudringen. Allerdings leisteten die deutschen Verteidiger, zu denen auch Hitlerjungen gezählt haben sollen,[141] erbitterten Widerstand. Stundenlang tobte ein „Kampf um jedes einzelne Zimmer, ein langer, zäher und erbitterter Kampf. Das zur Festung gewordene Gebäude brannte. Der dichte Rauch nahm den Atem, machte blind und störte beim Vorankommen." Als der Widerstand verebbte, in der Nacht zum 30. April 1945, morgens um 4 Uhr, richtete sich der junge Bataillonskommandeur Stepan Andrejewitsch Neustrojew „in einer unteren Etage ein, in einem Zimmer, dessen Fenster zum Königsplatz zeigten"[142], schaute hinaus und sagte: „Ilja Jakowlewitsch, kannst du dieses Haus da gut sehen?" Sein Fenster muss sich irgendwo dort befunden haben, wo Zaungäste heute einen Blick ins Bundeskanzleramt zu erhaschen versuchen.

Wenig später standen die Sowjets mit der roten Flagge in der Hand auf dem Haus, das er meinte: dem Reichstag.

Nach Kriegsende 1945: zerstörte Kroll-Oper (links) mit einer Flugabwehrkanone (Flak) auf dem Königsplatz.

Brachland an der Grenze

„Die ‚Große Bude' steht nicht mehr. Sang- und klanglos hat ein Sprengkommando die Ruine des früheren großen Generalstabes am Platz der Republik in Berlin gegenüber dem Reichstag gesprengt. [...] Die Sonne leuchtet über den frischen Trümmern, die zur Zeit von großen Förderbändern weggeräumt werden. Nur wenige der täglich vorbeihastenden Passanten kannten in unseren Tagen noch die Bedeutung, die dieser rote Backsteinbau einst in der deutschen Militärgeschichte hatte."

„Hamburger Abendblatt", 12. Juni 1957

In den Trümmern

„Berlin, eine Radierung Churchills nach einer Idee Hitlers." Das ging Bertolt Brecht durch den Kopf, als er im Oktober 1948 aus dem Exil nach Berlin zurückkehrte und in einem unzerstörten Seitenflügel des Hotels Adlon lebte. „Über den völlig verstummten Ruinenstraßen dröhnen in der Nacht die Lastaeroplane der Luftbrücke." Die Massenkundgebung vor dem Reichstagsgebäude, bei der 300.000 Berliner gegen die sowjetische Abriegelung West-Berlins protestiert hatten,[143] lag da nur wenige Wochen zurück.

Fast zur selben Zeit, im September 1948, füllten städtische Mitarbeiter nach einer Besichtigung der Trümmerberge am Generalstabsgebäude Formulare aus, die auf den Vordrucken mit „Erhebung über Schäden an Gebäuden" oder „Schadensbescheid" überschrieben waren. Sie befinden sich heute im Berliner Landesarchiv – als Komplementärstück zu den Bauakten, die von der Eleganz der verschwundenen Straßenzüge erzählen, manchmal auch von dort nicht vermuteten Bewohnern im Krieg: „In der Küche einer Kriegsgefangenenunterkunft [im Haus Schlieffenufer 7, früher Kronprinzenufer 20] brannte eine gerohrte und geputzte Bretterwand."[144]

Vorherige Doppelseite: Blick vom östlichen Spreeufer auf die Kronprinzenbrücke und das Reichstagsgebäude im Jahr 1945. Hier verlief die Sektorengrenze.

Luftbild des Tiergartens mit Spreebogen, Baustellen für Speers Projekte und der Ruine des Reichstags, aufgenommen aus einem Flugzeug der Alliierten im März 1945.

Beim Durchblättern der über viele Jahre laufenden Akten fallen die häufigen Eigentümervermerke „Deutsches Reich“ ins Auge. Sie sind eine Folge von Speers Projekt. Aber auch in anderen Eigentümervermerken spiegelt sich die jüngste Geschichte. Für das Schlieffenufer 5 etwa hieß es: „Der noch jetzt [im Grundbuch] eingetragene Eigentümer Deutscher Fußball-Bund war Mitglied des NS-Reichsbundes für Leibesübungen, deshalb unter Treuhandverwaltung der Brit. Militär-Regierung. Der frühere Eigentümer-Verband Berliner Ballspiele e. V. hat bei der Berliner Kommission Antrag auf Rückgabe gestellt.“[145]
Die Formulare, Notizen und kargen Korrespondenzen zeugen aber auch von den persönlichen Traumata, die die Besitzer erlebten. Eine private Ruinenbesitzerin erzählt vom Tod ihres Hausverwalters „bei den Kämpfen um Berlin“ und seufzt: „Die Innenräume dieses Hauses waren z. T. pompös. [...] Es war alles aufs Vornehmste eingerichtet.“[146] Der Besitzer des Hauses In den Zelten 21 erhoffte sich von der Trümmerräumung zumindest die Wiederauffindung des zurückgelassenen Porzellans: „In einem Raum ganz an der hinteren Treppe [...] hatten wir besonders wertvolle und gute Sachen geborgen, silberne Tabletts, ganz wertvolles, altes Delfter Porzellan, signiert, ein Meissner Service und anderes. Bei dem Zusammenbruch des Hauses in einer Bombennacht ist gerade dieser Raum sehr stark verschüttet worden“[147]. Andernorts finden sich Hinweise auf Rückerstattungsverfahren.[148] Oder Mitteilungen wie diese eines Bauunternehmers: „Am 21. Juni 1950 um 13.30 Uhr wurde im Toreingang des Hauses In den Zelten 9a innerhalb des Brandschuttes eine männliche Leiche freigelegt.“[149]
Bevor es an die Abräumung ging, wurden die Abbruchunternehmen selbst durch die politische Brille betrachtet. „Für den Fall der Auftragserteilung“ mussten die West-Berliner Firmen bei ihren Preisangeboten erklären, „keine Unteraufträge oder Bestellungen an Firmen des Ostsektors und der Ostzone“ zu vergeben und „für die Durchführung des Auftrages bei Bedarf nur Arbeitskräfte von Westberliner Arbeitsämtern“[150] einzusetzen.
Sie waren Bürger der Bundesrepublik Deutschland, deren Hauptstadt sich „provisorisch“ im fernen Bonn befand. Irgendwo nahe London, Paris und Brüssel.

Zerstörte Rückseite des einstigen Generalstabsgebäudes, Ecke Moltkestraße/Herwarthstraße, aufgenommen nach Kriegsende.

Abriss der Ruinen

Für die Berliner Abbruchunternehmen gab es genug zu tun. Mit Ausnahme der Schweizer Gesandtschaft, die erstaunlich unversehrt war, verzeichnete das Gros der Häuser, die im Krieg nicht den Vorbereitungen zur Reichshauptstadt „Germania" zum Opfer gefallen waren, einen Schadensgrad von über 80, ja annähernd 100 Prozent. Das galt auch für die nördlichen, zur Moltkestraße und Herwarthstraße gelegenen Teile des Generalstabsgebäudes. Diese Ruinen scheinen bereits vor September 1948, als ein Architekt den Komplex besichtigte, abgeräumt worden zu sein.

Der älteste Flügel des Generalstabsgebäudes nach Süden stand besser da – falls das der richtige Ausdruck für einen Schadensgrad von über 70 Prozent ist. Jedenfalls war die Fassade noch gut zu erkennen.[151] Unter den Anschriften Platz der Republik 6, Herwarthstraße 1 und Moltkestraße 8 trug der Sachverständige im Feld „Instandsetzungswürdig" daher nur ein „zweifelhaft" ein und „Einsturzgefahr: nein"[152]. Die Gemäuer

Der Zerstörungsgrad des früheren Generalstabsgebäudes lag bei über 70 Prozent.

blieben stehen, während von der Kroll-Oper nebenan, einer Einrichtung, die ihre letzten guten Tage mit den künstlerischen Experimenten Otto Klemperers zwischen 1927 und 1931 erlebt hatte, nach der Sprengung im März 1951 kaum mehr übrig war als die 1945 wiedereröffnete Gartengaststätte „Kroll-Garten".[153]

Die örtliche Polizei sah die Ruinen mit Grausen. Sie drängte im Juli 1951 darauf, das Generalstabsgebäude abzureißen oder zumindest mit Mauern zu schließen. Die Ruine sei „Anziehungspunkt für lichtscheues Gesindel aller Art", die dunklen Kellerräume böten „ganz ideale Unterschlupfmöglichkeiten". Man könne nicht einmal ausschließen, „daß dort völlig ungesehen Sittlichkeitsverbrecher mit ihren Opfern verschwinden können". Erst unlängst, nach einem Kindermord in einer Ruine in Charlottenburg, war das Generalstabsgebäude „zur weiteren Veranlassung gemeldet" worden, Polizei und Feuerwehr hatten es bei der nächtlichen Suche nach einem angeblich entführten Kind im Juli stundenlang durchsucht[154] – gespenstische Szenen.

Trotzdem zog sich der Abriss hin. Das dürfte unter anderem an Skrupeln gelegen haben, das Gebäude zu sprengen. Waren dort nicht „vielleicht noch kulturhistorische Werte zu vermuten"?[155] Es mangelte nicht an Abrissbefürwortern, aber die „historische Bedeutung" und der „derzeitige Zustand der Gebäude" scheinen hie und da noch angesprochen worden zu sein.[156]

Im Jahr 1957 dann, dem Jahr der „Internationalen Bauausstellung Berlin", waren im „Hamburger Abendblatt" gleich zwei Artikel zu dem Gelände zu lesen. Im ersten Artikel hieß es, der West-Berliner Bausenator habe die Richtlinien für einen Architektenwettbewerb namens „Hauptstadt Berlin" vorgestellt, der unter der Schirmherrschaft von Bundeskanzler und Bundespräsident stehe. Die Architekten sollten über ein mehrere Quadratkilometer großes Gelände in Berlins Stadtmitte nachdenken. Dabei wolle man „den großen Spreebogen hinter der Reichstagsruine gern als Regierungs- und Parlamentssitz ausgestaltet sehen"[157]. Dass die Bedeutung des Wettbewerbs in Zeiten der deutsch-deutschen Rivalität vor allem im Symbolischen lag,[158] merkt man den Zeilen kaum an.

Der zweite Artikel hatte den Tonfall einer Verlustmeldung: „Sang- und klanglos hat ein Sprengkommando die Ruine des früheren großen Generalstabes am Platz der Republik in Berlin gegenüber dem Reichstag gesprengt", seufzte das „Hamburger Abendblatt" dann im Juni. „Dieses Denkmal preußischer und deutscher Geschichte mußte den Wiederaufbauplänen der Hauptstadt Berlin weichen. Das Gelände soll künftig als Parkplatz für die benachbarte neue Kongreßhalle dienen."[159] Als die Sprengladung zündete, hätten die zusammenbrechenden Außenmauern „Glanz und Elend" des Generalstabsgebäudes begraben.

Berliner Behörden korrespondierten noch Jahre nach Kriegsende über die Zukunft des Generalstabsgebäudes.

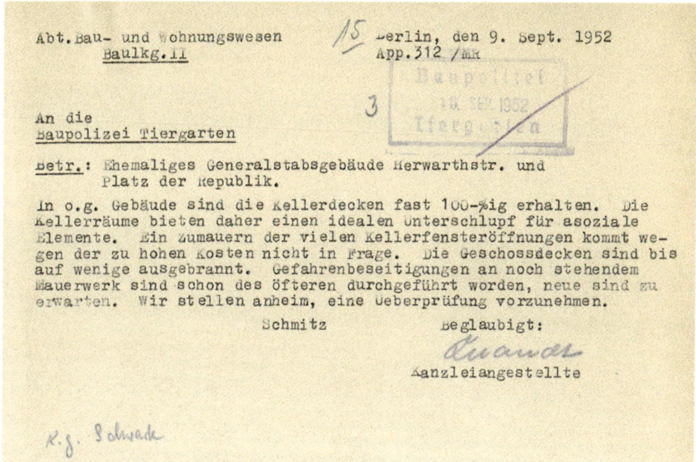

Abt.Bau- und Wohnungswesen Baulkg.II — 15 — Berlin, den 9. Sept. 1952 App.312 /MR

Baupolizei 10. SEP. 1952 Tiergarten — 3

An die
Baupolizei Tiergarten

Betr.: Ehemaliges Generalstabsgebäude Herwarthstr. und Platz der Republik.

In o.g. Gebäude sind die Kellerdecken fast 100-%ig erhalten. Die Kellerräume bieten daher einen idealen Unterschlupf für asoziale Elemente. Ein Zumauern der vielen Kellerfensteröffnungen kommt wegen der zu hohen Kosten nicht in Frage. Die Geschossdecken sind bis auf wenige ausgebrannt. Gefahrenbeseitigungen an noch stehendem Mauerwerk sind schon des öfteren durchgeführt worden, neue sind zu erwarten. Wir stellen anheim, eine Ueberprüfung vorzunehmen.

Schmitz — Beglaubigt: Kanzleiangestellte

K.g. Schwade

Nach dem Mauerbau: Stacheldrahtzäune in zwei Reihen unweit der Kronprinzenbrücke, rechts im Bild der Reichstag, Fotografie von 1964.

Niemandsland an der Mauer

Der Gedanke an eine baldige gesamtdeutsche „Hauptstadt Berlin“ war in den 1950er Jahren unrealistisch. Der westdeutsche Staat war mit den wirtschaftlichen und militärischen Strukturen des Westens, der ostdeutsche mit den sowjetischen verwachsen. Und dann ließ dasselbe Ost-Berliner Regime, das am 17. Juni 1953 einen demokratischen Massenaufstand mit sowjetischen Panzern niederschlug, 1961 auch noch eine Mauer entlang der Grenze zwischen Ost- und West-Berlin errichten, um die anhaltende Bevölkerungsflucht aus der Deutschen Demokratischen Republik, der SED-Diktatur, über West-Berlin in die demokratische Bundesrepublik Deutschland zu beenden. Am Spreebogen verlief diese Mauer gleich hinter dem Reichstagsgebäude, jenseits der Spree dann an Schiffbauerdamm, Kapelle-Ufer und Alexanderufer.

Die Gegend um das alte Alsenviertel verkam. Wo Bettina von Arnim einst lebte, stand seit 1957 zwar ein Architekturwunder auf dem Rasen: die Kongresshalle, Symbol der deutsch-amerikanischen Nähe.[160] Von dem neuen, näher an der Spree gelegenen „Platz der Republik“ aber, von dem die Jury des Wettbewerbs „Hauptstadt Berlin 1957/58“ beim

Bombenfund südlich der Siegesallee, im Hintergrund das bereits 1945 errichtete sowjetische Ehrenmal.

Blick auf den Siegerentwurf geträumt hatte – einer Anlage, bei der die Spree zum See erweitert und das Regierungsviertel am Wasser direkt an die Autobahn angeschlossen worden wäre[161] –, fehlte jede Spur.

Stattdessen ein trister Befund: „Wer den Uferstreifen unmittelbar an der Sektorengrenze im Tiergarten sieht, der sich 300 Meter lang zwischen Moltkebrücke und Kronprinzenbrücke erstreckt, kann das Gruseln lernen“, schrieb der „Berliner Anzeiger“ 1965, „[...] das früher so prominente Kronprinzenufer ist nur noch ein schmaler Weg. Verkehrszeichen sagen: ‚Gesperrt für Fahrzeuge aller Art‘. Nur ein paar Zöllner, die hier gegenüber dem ‚Stützpunkt‘ eines Vopo-Bootes am anderen Spreeufer ihren Standort haben, patrouillieren in der öden Gegend.“[162]

Gab es damals noch Leute, die sich an Details aus der Geschichte der ausradierten Straßenzüge erinnerten wie an die „Staatsbürgerschule“ des liberalen Politikers Friedrich Naumann, die 1918 am Kronprinzenufer 27 eröffnet hatte? Konnten die Studenten der Freien Universität, denen der aus Bonn angereiste französische Botschafter François Seydoux 1959 erzählte, In den Zelten geboren worden zu sein, damit noch etwas anfangen?[163] Selbst einige Schweizer vergaßen, dass im Spreebogen noch eines ihrer Gebäude stand.[164]

Blick auf die Kongresshalle im Bau 1957, im Hintergrund das Reichstagsgebäude. Im Volksmund erhält der Bau den Namen „Schwangere Auster“.

Dass die Erinnerung weiter verblassen würde, wurde jedem offenkundig, der das Gelände mit jungen Besuchern betrat. Eine ehemalige Bewohnerin von Kronprinzenufer und Alsenstraße, Irmgard Ruppel, bereiste 1968 Berlin. Sie war die Tochter Arthur Zardens, der 1932 Staatssekretär im Finanzministerium gewesen war. Er zählte zu den Verhafteten des „Solf-Kreises“ und sprang während eines Gestapo-Verhörs 1944 aus dem Fenster und starb. Irmgard Ruppel selbst war damals ebenfalls verhaftet, vor Freislers Volksgerichtshof aber freigesprochen worden. Als sie die Stelle fanden, an der die Familie einst gelebt hatte, wurde sie von ihren Kindern gefragt, ob sie „unter einem Busch gewohnt hätte“.[165] Was antwortet man darauf? Der Spreebogen war ein trostloses Niemandsland, überwuchert von Unkraut, bedröhnt von einer „Entlastungsstraße“. Hier konnte man allenfalls „spüren, was das mal war: Deutschland, und davon erzählen, wie es damit aufhörte“[166]. Wer aus der DDR fliehen wollte, lief Gefahr, von DDR-Grenzern erschossen zu werden. So erging es Dieter und Elke Weckeiser, die 1968 nahe der Kronprinzenbrücke nach West-Berlin zu schwimmen versuchten.[167]

Ein Ort für Geschichte

Für eine Weile kehrte die Erinnerung an den Ort allerdings wieder zurück – wenn auch auf eine Weise, die manche Zeitgenossen empörte. „Bundeskanzler Helmut Kohl (55) stand gestern nachmittag im blauen Anzug am Fenster des Reichstags, streckte den rechten Arm aus. Er zeigte auf den Platz unmittelbar vor dem Gebäude, wo ein paar junge Leute Fußball spielten, und rechts in den Spreebogen, sagte dann zum Regierenden Bürgermeister Eberhard Diepgen (43): ‚Hier soll das Deutsche Museum hin.' Damit steht der Standort jetzt fest."[168]

Das war im Juni 1985. Zu diesem Zeitpunkt war die Idee eines nationalen Geschichtsmuseums in West-Berlin schon einige Jahre diskutiert worden. Richard von Weizsäcker, damals Regierender Bürgermeister von Berlin, hatte nach der erfolgreichen Ausstellung „Preußen – Versuch einer Bilanz" im Jahr 1981 einige Historiker mit Vorüberlegungen beauftragt.

Ortsbesichtigung im Spreebogen 1986 mit Eberhard Diepgen (vorne, 2. von rechts), Regierender Bürgermeister von Berlin.

Und Helmut Kohl, selbst promovierter Historiker, griff dem Vorhaben als Bundeskanzler unter die Arme. „1987 blickt Berlin auf 750 Jahre seiner Geschichte zurück", hatte Kohl in seiner Regierungserklärung 1983 gesagt: „In der alten Reichshauptstadt" sollte mithilfe der Bundesregierung „ein Deutsches Historisches Museum errichtet werden". Dieses sollte „die Lebenskraft" Berlins „stärken und ihre Anziehungskraft fördern"[169]. West-Berlin, der symbolisch bedeutsame Vorposten der Demokratie, schien wirtschaftlich und gesellschaftlich im Niedergang begriffen zu sein. Es konnte Unterstützung gebrauchen.[170]

Die Bundesbaudirektion hatte 1987 die markierte Fläche als Standort für das Deutsche Historische Museum vorgesehen.

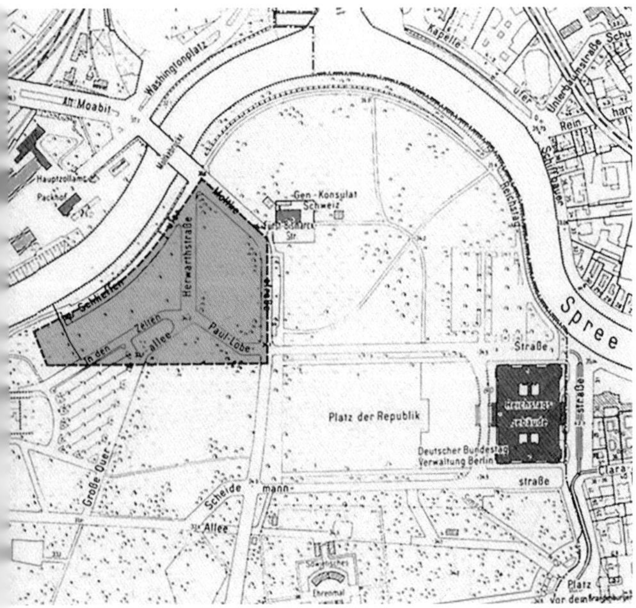

Trotzdem erregte Kohls „Geburtstagsgeschenk" für Berlin die Gemüter. Den konservativen Bundeskanzler Helmut Kohl ereilte der Vorwurf, „Geschichtspolitik" zu betreiben.[171]

Ein Museum für deutsche Geschichte – noch dazu im Spreebogen, wo sich einst ein Exerzierplatz und dann die Siegessäule befand, wo der Reichstag brannte und „fast Speers Walhalla des deutschen Imperialismus und Faschismus gestanden hätte"? Der Berliner Rechtsanwalt Hans-Christian Ströbele fürchtete, ein nationales Geschichtsmuseum „könne nichts anderes zum Ziel haben, als diese Traditionen neu zu beleben, sie so zu legitimieren und an ihnen anzuknüpfen".

„Nein danke", sagte er bei einer Diskussion im Reichstagsgebäude und fügte hinzu: „Die Berliner, die hier draußen Fußball spielen, die Türken, die dort unten ihre Familienfeste feiern, das Tempodrom, die Jogger haben längst einen Bruch mit der vom Tiergarten wohltuend überdeckten Vergangenheit vollzogen. Das knüpft meiner Meinung nach eher an die demokratischen Traditionen, die die Berliner Mitte hier ja auch hat, mit den Zelten und ihren politischen Versammlungen 1848 und 1918/19, an."[172]

Andere hingegen wie der Verleger Wolf Jobst Siedler, einst Autor des 1964 erschienenen Buchs „Die gemordete Stadt“, verwiesen auf die Möglichkeiten, die gerade der Spreebogen zur „historischen Selbstvergewisserung“ böte. Er erinnerte daran, dass der Platz vor dem Reichstag nach Bismarcks Reichsgründung „ein demokratisches Gegengewicht zum ‚monarchistischen‘ Gelände zwischen Schloss und Zeughaus“ gewesen sei. Nach 1918 habe sich das Gelände zum „republikanischen Zentrum Berlins und des Reiches“ entwickelt. Und auch im Rahmen der Stadtplanung und Deutschlandpolitik spräche viel für den Ort.[173]
Das dürfte Helmut Kohls Haltung dann schon eher entsprochen haben. Für den Bundeskanzler war der Spreebogen ein Ort, an dem „wie nirgendwo deutsche Geschichte reflektiert“, sie „beinahe physisch erlebt“ werden könne.[174]
Von der anfänglichen Vorstellung, das Museum direkt gegenüber von dem Reichstagsgebäude zu errichten, auf dem Gelände der Kroll-Oper, rückte man gleichwohl etwas ab. Es möge sich „im Wasser der Spree spiegeln“ hieß es 1987 beim Ausgabe-Kolloquium des Architekturwettbewerbs. Es möge unweit von Brandenburger Tor und Reichstag stehen, an einem Ort neben der Kongresshalle, der den Wiederaufbau des Alsenviertels erlaube und Speers Größenwahn „endgültig Makulatur“ werden ließe. Und: „Es soll zum Teil den Platz des früheren Generalstabsgebäudes einnehmen. An die Stelle, von der einst Kriege geführt wurden, wollen wir ein Bauwerk der Kultur, der Information und der Aufklärung setzen“[175], betonte Bundesbauminister Oscar Schneider.
Ziemlich genau an diesem Ort steht heute das Bundeskanzleramt.

28. Oktober 1987: Feierliche Enthüllung der Stiftungstafel durch Bundeskanzler Helmut Kohl für das an diesem Ort vorgesehene Deutsche Historische Museum. Durch den Mauerfall 1989 und die Wiedervereinigung 1990 nahm die Geschichte einen anderen Lauf: Das Museum wurde im Ost-Berliner Zeughaus angesiedelt.

Nach der Wiedervere

nigung

„Die nähere Umgebung dieses Platzes symbolisiert wie kaum eine andere die jüngere deutsche Geschichte. Sie verkörpert Glanz und Hybris, Zerstörung und Wiederbeginn [...] Ich hoffe sehr, daß die Geschichte dieses Geländes nicht vergessen wird, mehr noch, daß sie als Mahnung verstanden wird: Sinn einer klugen und verantwortlichen Politik ist es, dem Frieden und der Freiheit zu dienen. Nie wieder dürfen aus deutscher Politik Trümmer und Leid entstehen."

Bundeskanzler Helmut Kohl anlässlich des ersten Spatenstichs für den Neubau des Bundeskanzleramts am 4. Februar 1997

Das Kanzleramt an der Spree

Kanzleramt statt Museum? Das war bei der symbolischen Grundsteinlegung im Oktober 1987 nicht absehbar. Den ersten Preis des Wettbewerbs gewann 1988 Aldo Rossi aus Mailand. Aufmerksamkeit bekam aber auch der mit dem dritten Preis ausgezeichnete Architekt Axel Schultes.[176] Er hatte für die Bundeshauptstadt Bonn gerade ein städtisches Kunstmuseum mit viel Licht, formschönen Treppenhäusern und einer monumentalen, das Museum von der Straße abschirmenden Betonmauer entworfen.

Es grenzte an ein Grundstück, auf dem die Kunst- und Ausstellungshalle des Bundes entstand; wenige Hundert Meter weiter wurde im September 1989 der Baubeginn des Hauses der Geschichte der Bundesrepublik Deutschland gefeiert, das ebenfalls auf Helmut Kohls Initiative zurückgeht. Die Stelle am Rheinufer, an der sich der Deutsche Bundestag ein spektakuläres neues Parlamentsgebäude aus Glas bauen ließ, war auch nicht weit entfernt.

Hunderttausende feierten in der Nacht vom 2. auf den 3. Oktober 1990 in Berlin die Wiedervereinigung. Die Zeremonie mit führenden Politikern aus Ost- und Westdeutschland fand vor dem Reichstagsgebäude statt.

Vorherige Doppelseite: Das Bundeskanzleramt von der „Rückseite", vom Garten an der Spree, aus gesehen.

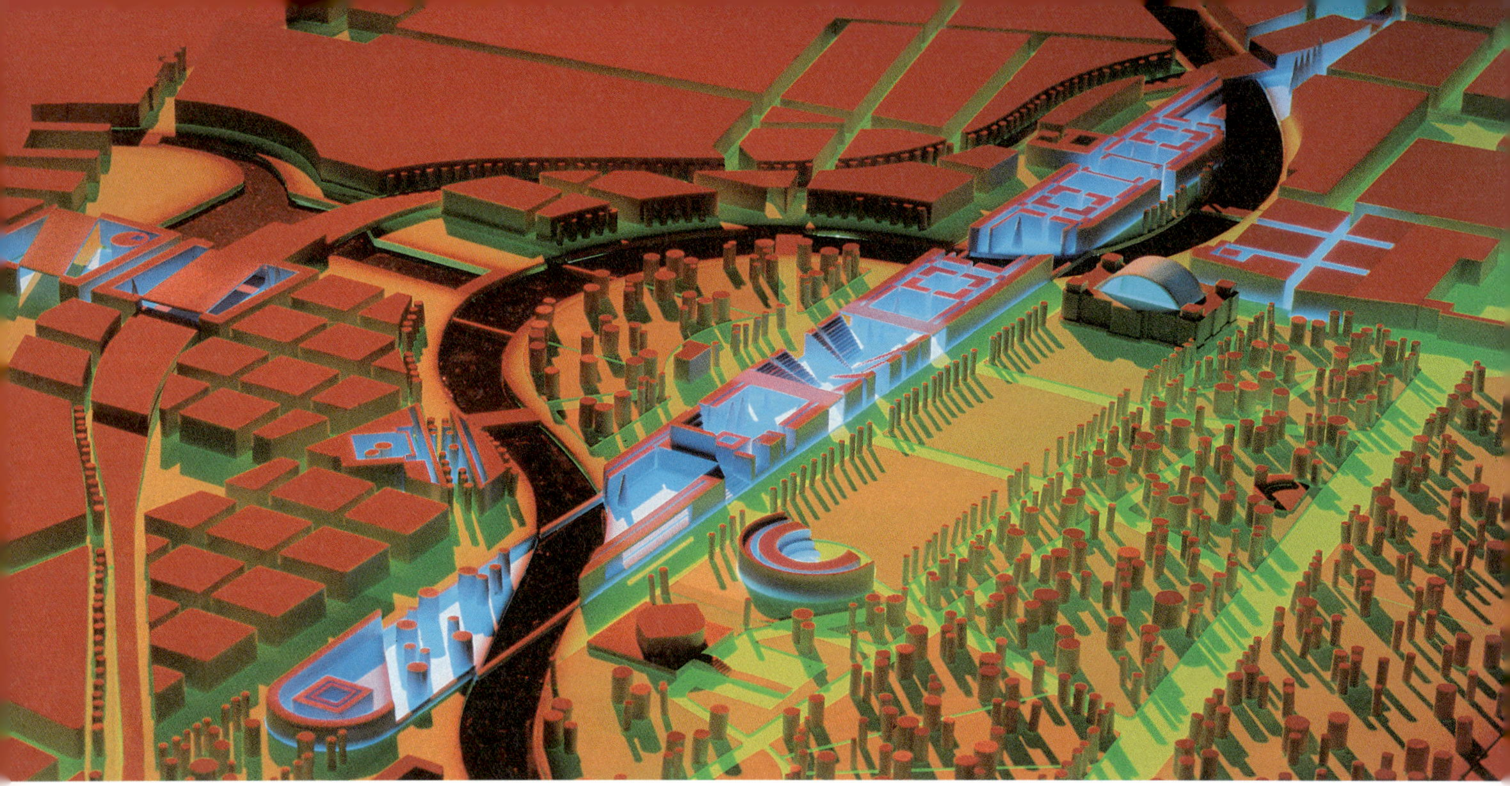

Das Modell zum städtebaulichen Rahmenplan für den Spreebogen von den Architekten Axel Schultes und Charlotte Frank aus dem Jahr 1993 zeigt deutlich das „Band des Bundes".

Aber die Tage Bonns als Bundeshauptstadt waren plötzlich gezählt. In der DDR beschleunigten die friedlichen Massendemonstrationen den Machtzerfall des SED-Regimes. Auch trugen sie zum Fall der Berliner Mauer am 9. November 1989 bei. Dies ermöglichte die Überwindung der Teilung. Intensive Verhandlungen mit den vier Siegermächten des Zweiten Weltkriegs führten im September 1990 zum Abschluss des Zwei-plus-Vier-Vertrags über die außenpolitischen Bedingungen der Deutschen Einheit. Mit der Unterzeichnung des Einigungsvertrags wird der Beitritt der DDR zur Bundesrepublik besiegelt. Am 3. Oktober 1990, dem ersten Tag der Deutschen Einheit, jubelten in Berlin auf dem Platz der Republik vor dem Reichstagsgebäude, dem ehemaligen Königsplatz, dem alten Exerzierplatz, Abertausende Menschen mit schwarz-rot-goldenen Fahnen in der Hand.
Von einem historischen Moment auf den anderen wurde der Spreebogen damit zum Herz des wiedervereinigten Deutschlands. Im Einigungsvertrag heißt es: „Hauptstadt Deutschlands ist Berlin. Die Frage des Sitzes von Parlament und Regierung wird nach der Herstel-

lung der Einheit Deutschlands entschieden." Parlament und Regierung stimmten mehrheitlich für Berlin. Auch für einen Teil der Ministerien und Bundesbehörden wurde der Umzug geplant; die Regeln legte 1991 das „Bonn/Berlin-Gesetz" fest.

Die Planungen für das Deutsche Historische Museum zwischen Kongresshalle, seit 1989 Haus der Kulturen der Welt, und altem Alsenviertel hatte Bundeskanzler Helmut Kohl derweil schon vor Oktober 1990 gestoppt. Es sollte nun ins Ost-Berliner Zeughaus einziehen, was durchaus eine Pointe besaß: Man konnte die „ganze deutsche Geschichte"[177] darstellen, wo eben noch das Geschichtsmuseum der DDR dem marxistisch-leninistischen Geschichtsbild verpflichtet gewesen war.

Damit lag im Spreebogen fast alles wüst und leer da. Die Gewinner des „Internationalen Städtebaulichen Ideenwettbewerbs Spreebogen" 1992/93, Axel Schultes und Charlotte Frank, hatten eine einnehmende Lösung für den Umgang mit dem Thema Speer, das man damals noch vor allem mit der Monumentalität der geplanten Anlagen verband. Ihr Leitgedanke war ein „Band des Bundes" – eine geradlinig von West nach Ost verlaufende, die Spree mehrfach überquerende Aneinanderreihung von Regierungsgebäuden. Dieses Band begann am Moabiter Werder und führte am Reichstag entlang in den Osten der Stadt. Das konnte man als Symbol für die Deutsche Einheit, aber auch als einen Strich durch Speers Rechnung verstehen, während es Skeptiker eher an „Speer quer" gemahnte; sie vermissten die Bonner Bescheidenheit.[178]

An die Stelle, wo einst das Deutsche Historische Museum hätte stehen sollen, platzierte Schultes der Einfachheit halber den zum Kanzleramt weiterentwickelten Entwurf von damals.[179]

Bundeskanzler Helmut Kohl zusammen mit den Architekten Axel Schultes und Charlotte Frank vor einem Modell der für Berlin geplanten Gebäude. Die Nahaufnahme zeigt die Vorderansicht des Bundeskanzleramts.

Die Suche nach der Architektur

Im Sommer 1995 fiel die Wahl tatsächlich auf den Entwurf von Schultes und seiner Partnerin Charlotte Frank – durch eine Entscheidung Helmut Kohls. Die Jury des 1994 einberufenen Kanzleramt-Wettbewerbs hatte sich nicht auf einen eindeutigen Sieger einigen können. Sie kürte zwei gleichberechtigte Gewinner und überließ die Entscheidung damit dem Bauherrn: „Genauer: dem Bundeskanzleramt. Noch genauer: Helmut Kohl“[180].
In den Wochen danach sprachen sich Architekturkritiker überwiegend für den Entwurf von Schultes und Frank aus. Der zweite Wettbewerbssieger, das Ost-Berliner Architekturbüro Krüger Schuberth Vandreike (KSV), musste sich hingegen anhören, mit seinem Entwurf an Speers unverwirklichtes Führerpalais am Spreebogen zu erinnern – ein Totschlagargument.[181]
Was tun? Helmut Kohl hoffte auf eine „Visitenkarte“ der Bundesrepublik, ein Gebäude, das ebenso zur Ikone werden konnte wie zum Beispiel das Weiße Haus für die Vereinigten Staaten von Amerika. Er soll den KSV-Entwurf durchaus gemocht haben, weil er von einem jungen Ost-Berliner Büro kam und nicht ganz so ungewöhnlich wie Schultes' Kanzleramtsskizze war. Mit diesen Sympathien war Kohl nicht allein. Bei einer Telefonumfrage der ARD votierten vier Fünftel der 30.000 Anrufer für diesen Entwurf.
Aber die Angst vor den Geistern der Vergangenheit grassierte. Die neue deutsche Hauptstadt war eben die alte, sie war keine „small town in Germany“[182], in der man auf der grünen Wiese neu beginnen durfte wie damals in Bonn. Hier war überall „vergifteter Boden“[183] – ein Schultes-Zitat, das „Der Spiegel“ im Februar 1995 zur Schlagzeile machte und gleichzeitig hervorhob, dass beiden Siegerentwürfen die Bonner Bescheidenheit fehlte. Der Ost-Berliner Architekt Torsten Krüger entgegnete, dass es ein „ein bisschen sehr bequem“ sei, „sich Demokratie immer nur in Glas gebaut vorzustellen“.
Der Bauherr wollte „nach Berlin gehen, aber nicht in eine neue Republik“[184]. So wird es Helmut Kohl bei der letzten Sitzung des Deutschen Bundestags 1999 am Rhein formulie-

Von 1997 bis 2001 entstand in der Brache am Spreebogen der neue Regierungsbau.

Bundeskanzler Helmut Kohl beim ersten Spatenstich für das neue Bundeskanzleramt in Berlin am 4. Februar 1997.

ren. Er wird die „Abneigung gegen hohles Pathos" loben, die Bonn charakterisierte, die Bescheidenheit als „überzeugende Verkörperung eines Deutschlands, das jedem nationalistischen Wahn, jedem imperialen Gehabe und jedem Streben nach Vorherrschaft ein für allemal" abgeschworen habe. „Jeder, der künftig von Berlin aus regiert", wird er sagen, „ist gut beraten, sich in die Kontinuität des in Bonn Geschaffenen zu stellen".

Im Juni 1995, nach einem Blick auf die überarbeiteten Entwürfe der Sieger und einer mehrstündigen Beratung mit Historikern, Journalisten und Kulturpolitikern jeglicher Couleur, entschied sich Kohl für den Entwurf von Schultes und Frank. Man konnte ja noch ein bisschen daran basteln, was Kohl und Schultes auch ausgiebig taten. Im Februar 1997 setzte der „Kanzler der Einheit" schließlich den ersten Spatenstich an der Spree.[185]

Die Öffentlichkeit wurde mit dem „Kohlosseum"[186] zunächst nicht warm. Ihr Kopfschütteln lag nicht nur daran, dass die Ära Kohl seit dem rot-grünen Bundestagswahlsieg 1998

Luftaufnahme vom April 2001: Links vom Kanzleramt ist als Solitär die Schweizer Botschaft zu sehen, rechts neben dem Paul-Löbe-Haus das Reichstagsgebäude. Die beiden historischen Bauten haben als Einzige im Spreebogen den Zweiten Weltkrieg überdauert.

vorbei war. Vielmehr ging das Grundkonzept für den Spreebogen, das „Band des Bundes", nicht auf. Wo ein „Bürgerforum" zwischen Kanzleramt und Abgeordnetenhaus sein sollte, klaffte eine gewaltige Lücke, und genau dies veränderte die Wirkung von Schultes Bau. Er stand auf einmal mächtig da, einsam und hoch. „Je größer das Kanzleramt wurde, desto mehr wuchs das Unbehagen daran", beobachtete der Architekturhistoriker Heinrich Wefing, der sich wie kein anderer in die Entstehungsgeschichte des Baus eingrub, „[…] und bald schon machten die ersten, ebenso unsäglichen wie falschen Vergleiche mit Hitlers Baumeister Albert Speer die Runde: Die Achsen! Die Symmetrien! Und die Massen!"[187]
Dabei habe Schultes nach den „Exzessen des Symbolischen" im Nationalsozialismus und den „Exerzitien der Bonner Nüchternheit" einen „dritten Weg" gesucht: „Es ist, als habe Schultes den Wind des Wandels, der 1989 durch das Land fegte, in Beton gießen wollen. Bonn ist eine abgeschlossene Ära, eine erledigte Epoche, verkündet der Berliner Bau, die rheinische Republik mit ihren Selbstzweifeln, ihren Restriktionen des Symbolischen ist

eine historische Episode wie die untergegangene DDR, von der nichts bleibt als ein Kopfschütteln."[188] Auch das hat natürlich seine Tücken. Die Erfahrungen der Bonner Jahre, in denen grundlegende Entscheidungen fielen und in denen die Bundesrepublik gut mit Bescheidenheit fuhr, wurden mit dem Umzug nach Berlin gerade nicht ad acta gelegt.

Während der Bau wuchs, nutzte der neue Bundeskanzler Gerhard Schröder 1999 übergangsweise das ehemalige Staatsratsgebäude Erich Honeckers am Schlossplatz. Die Nutzung bis zum Einzug in den Neubau war ihm „ein Symbol für all die Vieldeutigkeiten in der Geschichte. Und für die Lehre, dass uns keine Alternative bleibt, als unsere Geschichte als Ganzes anzunehmen"[189].

Architekt Axel Schultes übergab Bundeskanzler Gerhard Schröder am 2. Mai 2001 bei der Einweihungsfeier symbolisch den Schlüssel für das neue Kanzleramt.

Die Dimensionen des neuen Kanzleramts im Spreebogen mochte er ebenso wenig wie das erläuternde „Architektengewäsch"[190]. Trotzdem lobte er beim Einzug am 2. Mai 2001 die Transparenz des Gebäudes, die 13 Wintergärten und die Idee, Albert Speers Planungen mit einem Ost und West verklammernden „Band des Bundes" zu durchkreuzen: „Dieser Bau setzt historische Erkenntnis und politischen Auftrag ohne jede Frage beispielhaft um." Der entscheidende Satz lautete: „Welches Urteil sich die Menschen einmal auch über dieses Kanzleramt bilden werden, wird in erster Linie von der Politik, vom Stil der Regierung, unserer Regierung, aber auch künftiger Regierungen, abhängen."[191]

Die Kanzlerwohnung im achten Stock, die Schröder in den Wochen nach dem 11. September 2001 bezog,[192] ist über eine Treppe hinter der Bücherwand direkt mit dem Kanzlerbüro im siebten Stock verbunden. Von hier aus kann man theoretisch die Stelle im Tiergarten sehen, an der Wilhelm Beer einst in den Nachthimmel geschaut hat.

Das historische Gedächtnis

Können wir uns heute noch vorstellen, wie es früher hier aussah? Man braucht durchaus Fantasie, um sich im Gras westlich der Großen Querallee, ungefähr dort, wo sie an der Paul-Löbe-Allee zum Haus der Kulturen der Welt abknickt, die Villa der jüdischen Salonnière Amalie Beer und ihres mondvernarrten Sohns Wilhelm Beer vorzustellen. Und auch die Inschrift des Stolpersteins, der 2015 ganz in der Nähe für Hans Goslar verlegt wurde, muss man zu lesen verstehen: „Jg. 1889. Flucht 1933 Holland. Interniert Westerbork. Deportiert 15.2.1944. Bergen-Belsen ermordet 25.2.1945".
Am Bettina-von-Arnim-Ufer ist kein Haus Bettina von Arnims zu sehen, am gegenüberliegenden Magnus-Hirschfeld-Ufer schon deshalb kein Institut für Sexualwissenschaft, weil es sich diesseits der Spree In den Zelten befunden hatte. Auf dieser verschwundenen Straße wiederum, an der im Übrigen auch die Pianistin Clara Schumann eine Weile

An der feierlichen Verlegung der Stolpersteine für Hans Goslar und seine Frau Ruth-Judith nahmen 2015 neben Bundesminister Peter Altmaier auch Goslars Tochter Hannah Pick-Goslar sowie die Enkelin und Urenkelin aus Israel teil.

Blick über die Spree:
Der Spreebogenpark lädt seit 2005 zum Verweilen zwischen Paul-Löbe-Haus und Bundeskanzleramt ein. „Landschaftsfenster" sollen die Geschichte des Orts betonen.

gewohnt hat, stehen heute das Haus der Kulturen der Welt, Teile des Kanzleramts und dazwischen etwas Grün an Asphalt.[193]

Von den alten Namen auf den Straßenschildern der Gegend ist nur Bismarck übrig, vom Alsenviertel allein die Schweizer Botschaft geblieben, die alle Zeitstürme überstand und zur Jahrtausendwende einen puristischen Erweiterungsbau erhielt: Palais und Anbau sind ganz bewusst ein „ungleiches Paar", das der „Historie des Standorts Rechnung"[194] zu tragen versucht.

Immerhin gibt es den Spreebogenpark des Landschaftsarchitekten Toni Weber. Er spürt den alten, vom Bonner Gartenkünstler Peter Joseph Lenné geprägten Straßen- und Uferwegen des Alsenviertels nach: Eisenwände, die den Boden in der Mitte des Bogens einkerben, deuten die Alsenstraße an und die Laufrichtung der Nord-Süd-Achse Speers.

Es gibt auch ein bekanntes Überbleibsel des Königsplatzes: Die Siegessäule, die einst zwischen Kroll-Oper und Reichstag stand, befindet sich seit der Umsiedlung durch Adolf

Große Glasfronten erlauben den Ausblick Richtung Kanzlergarten, hier am ersten Tag der offenen Tür, dem 1. September 2001.

Hitlers Architekten Albert Speer um eine vierte Trommel erhöht am Großen Stern. Und wenn man so will, gibt es im Westen des Königsplatzes, der seit 1948 wieder Platz der Republik heißt, mit dem „Tipi am Kanzleramt" sogar einen Ort, der die Kroll'schen Unterhaltungstraditionen auf eine gewisse Art fortführt. Das Veranstaltungszelt steht jetzt nur westlich statt östlich der Großen Querallee.

Vom Generalstabsgebäude allerdings, das nach 1919 das Innenministerium der Weimarer Republik und nach 1933 den Schreibtisch des nationalsozialistischen Innenministers Wilhelm Frick beherbergte, fehlt jede Spur. Es wird gelegentlich in Reiseführern und Zeitungsartikeln erwähnt. Doch obwohl die Moltkebrücke in der Nähe der Kanzleramtszufahrt ihren Namen behielt, dürften die Wenigsten wissen, dass sich das Kanzleramt auf einem Grundstück befindet, dessen östlicher Teil mit dem sogenannten Ehrenhof einst von Strategen wie Moltke geprägt war. Der Kubus des Kanzleramts befindet sich ungefähr dort, wo einst die Herwarthstraße verlief.

Bundeskanzlerin Angela Merkel am Schreibtisch ihres rund 142 Quadratmeter großen Arbeitszimmers. Hinter ihr hängt Oskar Kokoschkas Porträt von Konrad Adenauer. Sie arbeitet lieber an einem Besprechungstisch.

Für Besuchergruppen, die in ihm von den breiten Treppen im Eingangsbereich bis zu der Stelle hinaufgeführt werden, an der man zur Spree hin durch viel Glas in den Garten und auf der anderen Seite bis zum Reichstag hinüberblicken kann, dürfte sich die Geschichtsträchtigkeit des Orts häufig auf Schlagworte beschränken wie „Speers Germania“ oder auf Themen und Ereignisse, die mit der von Kanzlern und Kabinettsrunden seit 2001 betriebenen Politik verbunden werden. Bei Gruppenführungen fällt oft nur ein kurzer Hinweis darauf, dass hier einmal „das Alsenviertel“, „ein Botschaftsviertel“, gewesen sei.

Das kann man verstehen. Schließlich erinnern die neuen Straßennamen des Spreebogens auch noch an den Berliner Sozialdemokraten Paul Löbe, der zu Weimarer Zeiten lange Reichstagspräsident war (und als Alterspräsident des Deutschen Bundestags 1949 den Plenarsaal in Bonn eröffnete), sowie an drei Bonner Bundeskanzler: Die Roonstraße trägt heute den Namen Konrad Adenauers, das Kronprinzenufer jenen Ludwig Erhards, und die Moltkestraße wurde nach Willy Brandt benannt, der von 1957 bis 1966 Regierender

Bürgermeister von West-Berlin war, bevor er 1969 als Bundeskanzler das Palais Schaumburg am Rhein bezog. Das sind Namen, die verpflichten.

Aber was geht an Erfahrungen, Namen und Farben verloren, wenn einem die detaillierte Erinnerung aus den Händen gleitet – an einem Ort, an dem sich die Geschichte dermaßen verdichtet wie hier? Das Bundeskanzleramt in Berlin, könnte man die Gedächtnisauffrischung beginnen, ist eines der Erkennungszeichen der Bundesrepublik Deutschland. Sein höchster Punkt ist einige Meter niedriger als die Kuppel, die der alte Reichstag zum Umzug des Deutschen Bundestags von Bonn nach Berlin 1999 erhielt. Es steht an einem Ort, der von 200 Jahren deutscher Geschichte erzählt.

Es sei denn, dass der Erzähler einen autobiografischen Bezug zum Gelände vorweisen kann. Dann kann man anders einsteigen. Bundeskanzlerin Angela Merkel sagte, als sie im Juni 2015 die britische Königin auf den Balkon des Kanzleramts führte, auf die Schweizer Botschaft zeigte und mit dem Finger eine imaginäre Eisenbahnlinie in die Luft malte: „And where the train goes, there was the wall […]. And I lived in East Germany, just two hundred meters behind this."[195] Anschließend gab es im Kanzleramt Tee.

Das „Tipi am Kanzleramt" erinnert an die Zelte des 18. Jahrhunderts, die der Straße In den Zelten ihren Namen gaben. Seit 2002 präsentiert die größte stationäre Zeltbühne Europas regelmäßig Kabarettveranstaltungen, Konzerte und Musicals.

Staatsbesuch:
Queen Elizabeth II. mit Angela Merkel am 24. Juni 2015 auf dem Balkon des Kanzleramts.

Anmerkungen

Vor den Toren Berlins

1 Ulrike KNÖFEL/Jürgen LEINEMANN/Mathias SCHREIBER: „Die Republik muss sich wichtig nehmen", in: *Der Spiegel* 17/2001, S. 200–206.
2 Vgl. Heinz BECKER: Die Beer'sche Villa. Porträt eines Berliner Wohnhauses, in: Berlin in Geschichte und Gegenwart. Jahrbuch des Landesarchivs Berlin 1990, Berlin 1990, S. 65–68. Sven KUHRAU/Kurt WINKLER (Hg.): Juden Bürger Berliner. Das Gedächtnis der Familie Beer – Meyerbeer – Richter, Leipzig 2004, S. 21.
3 Vgl. Sven KUHRAU: Amalie Beer. Salondame, Wohltäterin und Patriotin. Das Programm einer individuellen Akkulturation, in: DERS./WINKLER: Juden Bürger Berliner, S. 54. Petra WILHELMY: Der Berliner Salon im 19. Jahrhundert (1780–1914), Berlin/New York 1989, S. 144.
4 So Felix Eberty, zitiert nach: BECKER: Beer'sche Villa, S. 73.
5 Vgl. Jürgen BLUNCK: Wilhelm Beer. Genius der Astronomie und Ökonomie 1797–1850, Wiesbaden 1997, S. 9.
6 Vgl. Ebd., S. 19–21.
7 Zit. n.: Ebd., S. 103. Zur Quadriga: Frank BAUER: Napoleon in Berlin. Preußens Hauptstadt unter französischer Besatzung 1806–1808, Berlin 2006, S. 114.
8 BLUNCK: Wilhelm Beer, S. 108.
9 Vgl. BECKER: Beer'sche Villa, S. 74.
10 Vgl. Rosemarie BAUDISCH/Michael S. CULLEN: Geschichte der Berliner Verwaltungsbezirke. Bd. 9: Tiergarten, Berlin 1991, S. 74.
11 Vgl. Hans E. PAPPENHEIM: In den Zelten – durch die Zeiten. Kulturgeschichte am Tiergartenrand 1740 bis 1960, in: Jahrbuch für brandenburgische Landesgeschichte 1963, Berlin 1963, S. 110.
12 Vgl. Ebd., S. 121.
13 Vgl. WILHELMY: Berliner Salon, S. 586f. Helmut ENGEL/Stefi JERSCH-WENZEL/Wilhelm TREUE: Geschichtslandschaft Berlin. Orte und Ereignisse. Bd. 2.1: Vom Brandenburger Tor zum Zoo, Berlin 1989, S. 154, 159. Ebd., S. 152, wird aus den Erinnerungen der Tochter Bettina von Arnims zitiert: „Uns war diese [Orts-] Wahl gar nicht recht, weil das Haus so weit außerhalb der Stadt lag. Es war auch in der Tat ein mißlich Ding, abends […] in der Dunkelheit allein über den einsamen alten Exercierplatz und zuletzt durch den Wald zu gehen."
14 Abgedruckt in: Manfred GÖRTEMAKER: Orte der Demokratie. Ein historisch-politischer Wegweiser durch Berlin, Berlin 2004, S. 114.
15 Vgl. Wolfgang MOMMSEN: 1848 – Die ungewollte Revolution, Frankfurt a. M. 1998, S. 108–120.
16 Brief vom 10.3.1848, zit. n.: Heinz HÄRTL/Ulrike LANDFESTER/Sibylle von STEINSDORFF (Hg.): Bettine von Arnim. Werke und Briefe in vier Bänden, Bd. 4, Frankfurt a. M. 2004, S. 619.
17 Vgl. Brief vom 15.3.1848, zit. n.: Ebd., S. 622.
18 Brief vom 20.3.1848, zit. n.: Ebd., S. 633.
19 So Tochter Maxe, zit. n.: ENGEL/JERSCH-WENZEL/TREUE: Geschichtslandschaft Berlin, S. 155. Ebd., S. 156–158, werden auch Arnims Polendenkschrift, ihr Engagement zugunsten des inhaftierten Demokraten Gottfried Kinkel 1849 und ihr zweites „Königsbuch" erläutert. Zu Beer vgl. BLUNCK: Wilhelm Beer, S. 103–108.
20 Vgl. GÖRTEMAKER: Orte der Demokratie, S. 116. Hans-Peter DOEGE: Ein Erbspicknick „In den Zelten", in: *Berlinische Monatsschrift* 11 (1999), S. 17. Zum Hintergrund MOMMSEN: Revolution, S. 251–260. Beer wurde Anfang 1849 Abgeordneter der Ersten Kammer des preußischen Parlaments, vgl. BLUNCK: Wilhelm Beer, S. 111–118.
21 Vgl. Michael S. CULLEN: Platz der Republik. Vom Exerzierplatz zum Regierungsviertel, in: LANDESARCHIV BERLIN: Platz der Republik vom Exerzierplatz zum Regierungsviertel, Berlin 1992, S. 15–18.
22 So Helmut ZSCHOCKE: Die Berliner Akzisemauer. Die vorletzte Mauer der Stadt, Berlin 2007, S. 63f., 90.
23 Wilhelm Beer starb 1850, seine Mutter 1854, danach zog in die Villa noch kurz das Seekadetten-Institut der Preußischen Marine ein, vgl. BECKER: Die Beer'sche Villa, S. 81f.
24 Vgl. Herwarthstraße, in: Berliner Straßenlexikon. URL: http://www.berlingeschichte.de/strassen/H549.
25 So ein Artikel der *Vossischen Zeitung* 1881, zit. n.: Astrid WEIDAUER: Berliner Panoramen der Kaiserzeit, Berlin 1996, S. 19. WEIDAUER stellt das Nationalpanorama ausführlich vor, vgl. Ebd., S. 16–22, S. 63–73.
26 Theodor FONTANE lässt dann auch im „Stechlin" den verwitweten Diplomaten Graf Barby am Kronprinzenufer wohnen, vgl. Theodor FONTANE: Der Stechlin, München 1982, Erstausgabe 1898.
27 Vgl. Günter TIGGESBÄUMKER: Viktor I. Herzog von Ratibor und Fürst von Corvey, Prinz zu Hohenlohe-Schillingsfürst (1818–1893), in: *Westfälische Zeitschrift* 144 (1994), S. 272.
28 Vgl. Rudolf AGSTNER: 130 Jahre Österreichische Botschaft Berlin. Von der Moltkestraße zur Stauffenbergstraße. Handbuch der Vertretungsbehörden von Österreich (-Ungarn) in Deutschland seit 1720, Berlin/Wien 2003, S. 33–39.
29 Vgl. WILHELMY: Berliner Salon, S. 633. In der Nähe der Delbrücks, die 1905 in die Roonstraße umzogen, befand sich auch der Salon der Gräfin Schlippenbach, Königsplatz 5, vgl. Ebd., S. 328, 829.
30 Vgl. Hans-Günther KLEIN: Miszellen zu Ernst und Paul von Mendelssohn-Bartholdy, in: Mendelssohn-Studien. Beiträge zur neueren deutschen Kultur- und Wirtschaftsgeschichte 11 (1999), S. 207–214. Julius H. SCHOEPS: Deutsch-jüdische Geschichte durch drei Jahrhunderte. Bd. 2: Das Erbe der Mendelssohns. Biographie einer Familie, Hildesheim/Zürich/New York 2013, S. 291.
31 Vgl. Geschichte der Vertretung Finnlands in Berlin, in: Botschaft von Finnland, Berlin (17.12.2007). URL: www.finnland.de/public/default.aspx?nodeid=37065&contentlan=33&culture=de-DE.
32 Vgl. Claudia SCHWARTZ: Das Haus im Nachbarland. Die Schweizerische Botschaft im Berliner Regierungsviertel, Berlin 2001, S. 34–37. Zum Kauf 1920 vgl. Ebd., S. 42.
33 FONTANE: Stechlin, S. 109.
34 Ebd. Zur Lage vgl. Susanne LEDANFF: Raumpraktiken in den Romanen Theodor Fontanes. Mit besonderem Blick auf Michel de Certeaus Raumtheorien, in: Tim MEHIGAN/Alan CORKHILL (Hg.): Raumlektüren. Der Spatial Turn und die Literatur der Moderne, Bielefeld 2013, S. 158f.
35 Rudolf BORCHARDT: Rudolf Borchardts Leben von ihm selbst erzählt,

Frankfurt a. M. 2002, S. 15, 17. Borchardts Vater war Bankier. Zum Haus vgl. Peter SPRENGEL: Rudolf Borchardt. Der Herr der Worte. Eine Biographie, München 2015, S. 27–29.

36 Zur Geschichte vgl. Stephan OETTERMANN: Das weitere Schicksal des Landesausstellungsparks. Berliner Panorma-Geschichte(n) 18, in: asisiBLOG (24.8.2011). URL: http://blog.asisi.de/index.php/das-weitere-schicksal-des-landes-ausstellungs/.

37 Vgl. Harald von KOENIGSWALD: Das verwandelte Antlitz, Berlin 1938, S. 58–61.

38 Walter BENJAMIN: Berliner Kindheit um 1900, zit. n.: Susanna BROGI: Der Tiergarten in Berlin – ein Ort der Geschichte. Eine kultur- und literaturhistorische Untersuchung, Würzburg 2009, S. 329.

39 Julius RODENBERG: Bilder aus dem Berliner Leben, Berlin 1986. Zur Einweihungsfeier 1873 vgl. Klaus DETTMER: Die Grundsteinlegungsurkunden der Siegessäule. Drei Begründungen für ihren Bau und eine für ihren Standortwechsel, in: Berlin in Geschichte und Gegenwart. Jahrbuch des Landesarchivs Berlin 1984, Berlin 1984, S. 50, 54.

40 Vgl. Hans J. REICHHARDT: Bei Kroll 1844–1957, Berlin 1988, S. 63–84.

41 Vgl. Peter REICHEL: Schwarz-Rot-Gold. Kleine Geschichte deutscher Nationalsymbole nach 1945, München 2005, S. 124–143. Michael S. CULLEN: Der Reichstag. Symbol deutscher Geschichte, Berlin 2015, S. 11–62. DERS.: Das Palais Raczynski, in: Berlin in Geschichte und Gegenwart. Jahrbuch des Landesarchivs Berlin 1984, Berlin 1984, S. 25–48.

42 Vgl. Paul BRONSART VON SCHELLENDORF: Der Dienst des Generalstabes, Berlin 1875, in: Bayerische Staatsbibliothek. URL: http://reader.digitale-sammlungen.de/de/fs1/object/display/bsb11321623_00014.html.

43 Annika MOMBAUER: Helmuth von Moltke and the Origins of the First World War, Cambridge 2001, S. 34.

44 Walter GÖRLITZ: Kleine Geschichte des deutschen Generalstabes, Berlin ²1977, S. 77. Ähnlich schwärmerische Worte finden sich bei KOENIGSWALD: Antlitz, S. 55.

45 Bernhard R. KROENER: Militär, Staat und Gesellschaft im 20. Jahrhundert (1890–1990), München 2011, S. 6.

46 Zur Bedeutung des Chefs des Großen Generalstabs bis 1883, als dem Chef des Generalstabs das Immediatrecht verliehen wurde, vgl. GÖRLITZ: Geschichte des Generalstabes, S. 83–97.

47 Vgl. Hinnerk SCHEPER (Hg.): Die Bauwerke und Kunstdenkmäler von Berlin. Bezirk Tiergarten, Berlin 1955, S. 102f. ARCHITEKTENVEREIN ZU BERLIN (Hg.): Berlin und seine Bauten. Bd. 1: Einleitendes Ingenieurwesen, Berlin 1877, S. 273–276. DERS.: Berlin und seine Bauten. Bd. 2/3: Der Hochbau, Berlin 1896, S. 402–405.

48 Moltke besaß seit 1867 privat ein Rittergut in Kreisau bei Breslau, in dem die Familie die Sommer verbrachte, vgl. Olaf JESSEN: Die Moltkes. Biographie einer Familie, München 2010, S. 188, 191f., 220. [2., durchges. Aufl., 2011]

49 Ebd., S. 219.

50 Ein schönes Beispiel ist ein *Gartenlaube*-Artikel, der 1876 einen Tagesablauf schildert, vgl. Im Generalstabsgebäude von Berlin, in: *Die Gartenlaube* 14 (1876), S. 236–238. URL: https://de.wikisource.org/wiki/Im_Generalstabsgebäude_in_Berlin.

51 Vgl. Helmuth Karl Bernhard von MOLTKE: Gesammelte Schriften und Denkwürdigkeiten, Bd. 1, Berlin 1892, S. 297–318.

52 Im Reichstag am 14.5.1890, zit. n.: Reichstagsprotokolle, 1890/92, 1, in: Bayerische Staatsbibliothek. URL: http://www.reichstagsprotokolle.de/Blatt3_k8_bsb00018664_00182.html. Zur Rede, die das „Ende der Kabinettskriege" betonte, vgl. Jörn LEONHARD: Die Büchse der Pandora. Geschichte des Ersten Weltkrieges, München 2014, S. 32. Zur Situation vgl. Klaus HILDEBRAND: Das vergangene Reich. Deutsche Außenpolitik von Bismarck bis Hitler, Stuttgart ²1996, S. 95–146.

53 Zu Moltke und zum Thema Präventivkrieg vgl. Jochen THIES: Die Moltkes. Biografie einer Familie, München/Zürich 2012, S. 85–91.

Vom Königsplatz zum Platz der Republik

54 Moltke starb wenige Stunden nach einem letzten Kartenspiel-Triumph im Generalstabsgebäude, vgl. MOLTKE: Schriften, S. 329–335. Zur zeitgenössischen Legende, Moltke sei noch nach seinem Tod beim Gang um das Gebäude gesichtet worden wie ein Geist, vgl. KOENIGSWALD: Antlitz, S. 56f.

55 Vgl. GÖRLITZ: Geschichte des Generalstabes, S. 106–114. Otto PFLANZE: Bismarck. Der Reichskanzler, München 1998, S. 540–543, 562–565. Die These eines Amateurhistorikers, Mary von Waldersee sei eine Geliebte Wilhelms gewesen, scheint kaum stichhaltig, meint RÖHL und bezeichnet Alfred Grafen von Waldersee als „eine Art Ersatzvater" Wilhelms, vgl. John RÖHL: Wilhelm II. Der Aufbau der persönlichen Monarchie 1888–1900, München 2001, S. 494. [2., durchges. Aufl., 2012] Zum Sturz Bismarcks vgl. PFLANZE: Reichskanzler, S. 605–615, aber auch Heinrich August WINKLER: Der lange Weg nach Westen, Bd. 1, München 2000, S. 257–261. [7., durchges. Aufl., 2010] Stoecker wohnte im Alsenviertel, vgl. CULLEN: Platz der Republik, S. 34.

56 Eintrag vom 14.3.1885, in: Heinrich Otto MEISNER (Hg.): Denkwürdigkeiten des General-Feldmarschalls Alfred Grafen von Waldersee. Bd. 1: 1832–1888, Berlin 1922, S. 254. Zur Nähe vgl. auch den Eintrag vom 16.3.1885, Ebd., S. 249.

57 Vgl. Eintrag vom 2.2.1889, in: Heinrich Otto MEISNER (Hg.): Denkwürdigkeiten des General-Feldmarschalls Alfred Grafen von Waldersee. Bd. 2: 1888–1900, Berlin 1922, S. 35.

58 RÖHL: Wilhelm II., S. 339.

59 Vgl. Ebd., S. 470–480.

60 Ebd., S. 635f. Zu Waldersees Blick auf Schlieffen vgl. auch Ebd., S. 491, 567.

61 „Dem Chef des Generalstabs der Armee war die Leitung der Operation übertragen", KRIEGSGESCHICHTLICHE ABTEILUNG I DES GROSSEN GENERALSTABS (Hg.): Die Kämpfer der deutschen Truppen in Südwestafrika. Bd. 1: Der Feldzug gegen die Hereros, Berlin 1906, S. 134.

62 Zur Forschung vgl. Hans EHLERT/Michael EPKENHANS/Gerhard P. GROSS (Hg.): Der Schlieffenplan. Analysen und Dokumente, Paderborn 2006, passim. [2., durchges. Aufl., 2007]

63 Zum Hintergrund vgl. HILDEBRAND: Vergangenes Reich, S. 306–315. Christopher CLARK: The Sleepwalkers. How Europe went to War in 1914, London 2012, S. 530–533. [Auf Deutsch: Die Schlafwandler. Wie Europa in den Ersten Weltkrieg zog, München 2015.]

Annika MOMBAUER: Die Julikrise: Europas Weg in den Ersten Weltkrieg, München 2014, S. 107–112. Zur Kriegsschulddebatte, in der CLARK den vielen „Schlafwandlern" Europas kein gutes Zeugnis ausgestellt hat, DIES.: Julikrise und Kriegsschuld. Thesen und Stand der Forschung, in: *Aus Politik und Zeitgeschichte* 16–17 (2014), S. 10–16.

64 Zitate nach: Eliza von MOLTKE (Hg.): Generaloberst Helmuth von Moltke. Erinnerungen, Briefe, Dokumente 1877–1916. Ein Bild vom Kriegsausbruch, erster Kriegsführung und Persönlichkeit des ersten militärischen Führers des Krieges, Stuttgart 1922, S. 19, 22.

65 Vgl. George F. KENNAN: The Decline of Bismarck's European Order. Franco-Russian Relations 1875–1890, Princeton 1979.

66 Vgl. GÖRLITZ: Geschichte des Generalstabes, S. 164f. „Der Große Generalstab der Friedensperiode wandelte sich mit Kriegsbeginn zum Generalstab des Feldheeres bei der Obersten Heeresleitung. […] In der Reichshauptstadt verweilte der stellvertretende Generalstab der Armee." Christian STACHELBECK: Deutschlands Heer und Marine im Ersten Weltkrieg, München 2013, S. 114. Moltke d. J. leitete den „stellvertretenden Generalstab" von seiner Ablösung bis zum plötzlichen Tod 1916. Zum Wechsel zu Falkenhayn vgl. Holger AFFLERBACH: Falkenhayn. Politisches Denken und Handeln im Kaiserreich, München [2]1996, S. 186–189.

67 Vgl. KOENIGSWALD: Antlitz, S. 62.

68 So Wolfram PYTA zu Hindenburgs „Kernkompetenz", DERS.: Hindenburg. Herrschaft zwischen Hohenzollern und Hitler, München 2007, S. 253.

69 Vgl. Manfred NEBELIN: Ludendorff. Diktator im Ersten Weltkrieg, Berlin 2010, S. 213–215. Die Titel der Helden beziehen sich auf die Eroberung von Lüttich (4.–16.8.1914) und die Schlacht bei Tannenberg, eigentlich bei Allenstein (26.–30.8.1914).

70 Ebd., S. 339.

71 Vgl. Philipp SCHEIDEMANN: Der Zusammenbruch, Berlin 1921, S. 92–94.

72 So Kurt LASER: Die Entstehung der Filmindustrie in Berlin während des Ersten Weltkrieges, in: Berlin in Geschichte und Gegenwart. Jahrbuch des Landesarchivs Berlin 2005, Berlin 2005, S. 150. Dass Ludendorff kurz darauf wütend geworden sei, weil die UFA nur Unterhaltungsstücke produziert habe, bezeichnet LASER als reine Anekdote, vgl. Ebd., S. 156.

73 Zu den Aufgaben im Krieg und Auflösung 1918/19 vgl. Hermann CRON: Die Organisation des deutschen Heeres im Weltkriege, Berlin 1923, S. 178–180. Waldemar ERFURTH: Die Geschichte des deutschen Generalstabes von 1918 bis 1945, 2., neubearb. u. erw. Aufl., Göttingen/Berlin/Frankfurt a. M. 1960, S. 51–57. Die Schilderung von Hugo Friedrich von FREYTAG-LORINGHOVEN: Menschen und Dinge, wie ich sie in meinem Leben sah, Berlin 1923, S. 319–325. Ebd., S. 320: „Ich hatte bei meinem ersten Gang durch die Diensträume den Eindruck, ein Lazarett oder doch ein Rekonvaleszentenheim zu durchwandern, nicht aber eine große militärische Behörde. Das Personal war vielfachem Wechsel unterworfen. Genesene Offiziere gingen immer wieder zur Front oder zur Etappe ab, für sie rückten andere schonungsbedürftige ein." FREYTAG-LORINGHOVEN war 1916 bis 1918 Chef des stellvertretenden Generalstabs.

74 Vgl. Hilmar-Detlef BRÜCKNER: Die Nachrichtenoffiziere (N. O.) der Sektion/Abteilung IIIb des Großen Generalstabes der preußisch-deutschen Armee 1906–1918, in: Jürgen W. SCHMIDT (Hg.): Geheimdienste, Militär und Politik in Deutschland, Ludwigsfelde 2008, S. 16–76, insb. S. 46, und Jürgen W. SCHMIDT: Against Russia: Department IIIb of the Deputy General Staff, Berlin, and Intelligence, Counterintelligence and Newspaper Research, 1914–1918, in: *Journal of Intelligence History* 5 (2005), S. 73–89. Auch hier muss teils, streng genommen, in Abgrenzung der mobilen „IIIb" im Felde von einer „stellv. IIIb" in Berlin gesprochen werden.

75 Volker ULLRICH: Die nervöse Großmacht 1871–1918. Aufstieg und Untergang des deutschen Kaiserreichs, Frankfurt a. M. [4]2001, S. 559. Zudem vgl. NEBELIN: Ludendorff, S. 465f. Zu Berlinaufenthalten Ebd., S. 494, 496.

76 Vgl. Ebd., S. 501f. Gerhard W. RAKENIUS: Wilhelm Groener als erster Generalquartiermeister. Die Politik der Obersten Heeresleitung 1918/19, Boppard am Rhein 1977, S. 71–75.

77 Heinz HÜRTEN (Bearb.): Zwischen Revolution und Kapp-Putsch. Militär und Innenpolitik 1918–1920, Düsseldorf 1977, S. 30f.

78 800 Männer, die zur Niederschlagung der „Volksmarinedivision" im Schloss aus Potsdam und Babelsberg gerufen wurden, kampierten vor dem Einsatz im Tiergarten, vgl. ENGEL/JERSCH-WENZEL/TREUE: Geschichtslandschaft Berlin, S. 17.

79 Gustav NOSKE: Von Kiel bis Kapp. Zur Geschichte der deutschen Revolution, Berlin 1920, S. 68, 71. Zur Einordnung vgl. Wolfram WETTE: Gustav Noske. Eine politische Biographie, 2., unveränd. Aufl., Düsseldorf 1988, S. 289–331.

80 So die apologetisch angehauchte Darstellung des einstigen Generalstabsoffiziers Waldemar ERFURTH: vgl. ERFURTH: Generalstab 1918–1945, S. 26.

81 Zur Einordnung des dramatischen Geschehens vgl. die Ausführungen von WINKLER: Weg nach Westen, S. 390, und vor allem auch jene von WETTE: Gustav Noske, S. 292–295.

82 Max LIEBERMANN: Gesammelte Schriften, Berlin 1922.

83 Dok. 84, in: Gerhard ENGEL (Hg.) u. a.: Groß-Berliner Arbeiter- und Soldatenräte in der Revolution 1918/19. Dokumente der Vollversammlungen und des Vollzugsrates, Berlin 1993, S. 803. Zudem Ebd., S. XII, XIV, XXI.

84 NOSKE: Deutsche Revolution, S. 68.

85 Vgl. Jürgen SCHMÄDEKE: Der Deutsche Reichstag. Geschichte und Gegenwart eines Bauwerks, München 1994, S. 78. Gemeint ist das sogenannte Blutbad vor dem Reichstag.

86 Dok. 91, in: Erwin KÖNNEMANN/Gerhard SCHULZE (Hg.): Der Kapp-Lüttwitz-Ludendorff-Putsch. Dokumente, München 2002, S. 138. Zum Ende des Kapp-Putschs trug maßgeblich auch ein Generalstreik bei.

87 Dok. 7, in: Eberhard PIKART/Wolfram WERNER: Der Parlamentarische Rat 1948–1949. Akten und Protokolle. Bd. 5.1: Ausschuss für Grundsatzfragen, München 1993, S. 153. Zu Lewald vgl. Karl BRAMMER: Fünf Tage Militärdiktatur. Dokumente zur Gegenrevolution, Berlin 1920, S. 52, 55, 61–64. Aber auch Arnd KRÜGER/Rolf PFEIFFER: Theodor Lewald und die Instrumentalisierung von Leibesübungen und Sport, in: Uwe WICK/Andreas HÖFER (Hg.): Willibald Gebhardt und seine Nachfolger. Sport und Olympia in Deutschland bis 1933, Aachen 2012, S. 132.

88 Vgl. GÖRLITZ: Geschichte des Generalstabes, S. 237f.

89 Vgl. Laurenz DEMPS: Wo soll der Reichspräsident seinen Amtssitz haben?, in: *Berlinische Monatsschrift* 6 (2000), S. 93–94.

90 Kurt JESERICH/Hans POHL/Georg-Christoph von UNRUH (Hg.): Deutsche Verwaltungsgeschichte. Bd. 4: Das Reich als Republik und in der Zeit des

Nationalsozialismus, Stuttgart 1985, S. 160. Zu Geschichte und Gliederung vgl. Ebd., S. 156–166.

91 REICHSMINISTERIUM DES INNERN (Hg.): Handbuch für das Deutsche Reich 1922, Berlin 1922, S. 106.

92 Ebd.

93 Zu Bäumer vgl. Angelika SCHASER: Helene Lange und Gertrud Bäumer. Eine politische Lebensgemeinschaft, 2., durchges. u. aktual. Aufl., Köln 2010, S. 213–234, zu ihrer Haltung zu „Schmutz und Schund" auch Ebd., S. 244.

94 „Nichts weniger als die Quadratur des Kreises war es, sich als Staat vom Kaiserreich absetzen zu wollen und zu müssen, und dennoch auf eine staatliche ‚corporate identity' der Symbole und Inszenierungen nicht verzichten zu können, um den im Kaiserreich sozialisierten Bürgern die Identifikation mit der Demokratie schmackhaft zu machen", Anke BLÜMM: Rezension zu Christian WELZBACHER (Hg.): Der Reichskunstwart. Kulturpolitik und Staatsinszenierung in der Weimarer Republik 1918–1933, Weimar 2010, in: H-Soz-Kult, 26.10.2011.

95 Eintrag vom 9.4.1932, in: Sabine GRUBER/Ulrich OTT (Hg.): Harry Graf Kessler. Das Tagebuch 1880–1937. Bd. 9: 1926–1937, Stuttgart 2010, S. 408. Das Verbot des Films wurde nach Protesten von Künstlern aufgehoben, im März 1933 aber erneuert.

96 MINISTERIUM FÜR WISSENSCHAFT, KUNST UND VOLKSBILDUNG (Hg.): Zentralblatt für die gesamte Unterrichtsverwaltung in Preußen 1927, Heft 1, Berlin 1927, S. 10.

97 Vgl. Eugen MAYER: Skizzen aus dem Leben der Weimarer Republik. Berliner Erinnerungen, Berlin 1962, S. 20. Beate RUHM VON OPPEN (Hg.): Dorothy von Moltke: Ein Leben in Deutschland. Briefe aus Kreisau und Berlin 1907–1934, München 1999, S. 145.

98 Zu Hindenburgs Karriere vgl. PYTA: Hindenburg, S. 22f.

99 Vgl. „Das Moltke-Zimmer im Innenministerium", in: *Berliner Tageblatt*, 26.10.1926. „Hindenburg weiht das Moltke-Zimmer ein", in: *Vossische Zeitung*, 26.10.1926. „Das Moltke-Zimmer der Öffentlichkeit übergeben", in: *Berliner Boersenzeitung*, 26.10.1926.

„Drittes Reich" und Hauptstadt „Germania"

100 Vgl. Werner NOTZ: Das Wesendonck'sche Palais im Tiergarten, in: Der Bär von Berlin. Jahrbuch 1992 des Vereins für die Geschichte Berlins, S. 107. Fritz REDLICH: Der Unternehmer. Wirtschafts- und sozialgeschichtliche Studien, Göttingen 1964, S. 15.

101 Zur Publizistik vgl. Trude MAURER: Auch ein Weg als Deutscher und Jude: Hans Goslar (1889–1945), in: Julius H. SCHOEPS (Hg.): Juden als Träger bürgerlicher Kultur in Deutschland, Stuttgart/Bonn 1989, S. 203–208. Zur Beurlaubung: Matthias LAU: Pressepolitik als Chance. Staatliche Öffentlichkeitsarbeit in den Ländern der Weimarer Republik, Stuttgart 2003, S. 113. Zur „beharrlichen Inkonsequenz" Goslars vgl. Ebd., S. 104, 110f.

102 Zit. n.: Ebd., S. 114.

103 Im digitalisierten „Jüdisches Adressbuch für Gross-Berlin" von 1931 finden sich jüdische Bewohner des Viertels, vgl. Jüdisches Adressbuch für Gross-Berlin, in: Zentral- und Landesbibliothek Berlin. URL: nbn-resolving.de/urn:nbn:de:kobv:109-1-2414417.

104 Anders als Anne Frank überlebte die 1928 geborene Hannah Pick-Goslar, die im Tagebuch Anne Franks „Hanneli" oder „Lies Goosens" genannt wurde, das Konzentrationslager Bergen-Belsen. Sie wanderte später nach Israel aus.

105 Der Anstoß für die neuerliche Umbenennung 1933 erfolgte wohl schon 1932, vgl. Michael S. CULLEN: Platz der Republik, in: *Tagesspiegel*, 3.2.2001.

106 Von 1905 bis 1911, vgl. Fünfundzwanzig Jahre Schauspielschule des Deutschen Theaters zu Berlin 1905–1930. Eine Festschrift, Berlin 1930, S. 9–14. NOTZ: Wesendonck'sches Palais, S. 107.

107 Vgl. Dieter D. GENSKE/Ernest HESS-LÜTTICH: Wo steht das Kanzleramt? Der Spreebogen – eine raum-zeitliche Spurensuche, Berlin 2004, S. 65–77. Chronologie der Institutsgebäude, in: Magnus-Hirschfeld-Gesellschaft. URL: http://magnus-hirschfeld.de/institut/gebaeude/chronologie-der-institutsgebauede. Recha Tobias zog bald nach Halensee um. Sie starb 1942 in Theresienstadt. Auch der kommunistische Verleger Willi Münzenberg wohnte bis zur Flucht kurz nach dem Reichstagsbrand In den Zelten 9a. Der Urologe August Bessunger, der 1919 bis 1921 im Institut arbeitete, wohnte laut Berliner Adressbuch bis 1939 am Schlieffenufer 9. Laut Kurzbiographien der jüdischen und aus dem Judentum stammenden Urologen, in: Museum und Archiv der Deutschen Gesellschaft für Urologie e. V. URL: http://museum.dgu.de/biographien.html, wo eine abweichende Hausnummer genannt wird, zog er 1937 in die Oranienstraße, dann in ein Sammellager. 1943 wurde er nach Auschwitz deportiert.

108 Vgl. Wolfgang BENZ/Barbara DISTEL (Hg.): Der Ort des Terrors. Geschichte der nationalsozialistischen Konzentrationslager. Bd. 2: Frühe Lager, Dachau, Emslandlager, München 2005, S. 63f.

109 Günther NELIBA: Wilhelm Frick. Der Legalist des Unrechtsstaates. Eine politische Biographie, Paderborn 1992. Vgl. Ebd., S. 47.

110 Vgl. Ebd., S. 73–81.

111 REICHSMINISTERIUM DES INNERN (Hg.): Reichsgesetzblatt 1933 I, Berlin 1933, S. 175. Zudem vgl. NELIBA: Wilhelm Frick, 1992, S. 162, 385, 389.

112 Die Zentralabteilung und die Abteilungen I, II und VIII befanden sich „zur Zeit des Kriegsbeginns" noch am Platz der Republik/Königsplatz. Der Rest sei mit der Zusammenlegung Unter den Linden 72–74 untergebracht gewesen, „wo dann auch 1939 Fricks Dienstzimmer lag", NELIBA: Wilhelm Frick, S. 284. Für das Jahr 1936 heißt es andernorts, an Königsplatz und Moltkestraße seien die Abteilungen I, II und IV untergebracht, vgl. REICHS- UND PREUSSISCHES MINISTERIUM DES INNERN (Hg.): Handbuch für das Deutsche Reich 1936, Berlin 1936, S. 114–134, hier: S. 114. Grundstrukturen bei JESERICH/POHL/von UNRUH: Deutsche Verwaltungsgeschichte, S. 741–744. Auch der 1936 geschaffene „Reichsführer SS und Chef der Deutschen Polizei" mit Anschrift Prinz-Albrecht-Straße 8 gehörte formal zum Ministerium.

113 Vgl. NELIBA: Wilhelm Frick, S. 161–230. Während der nachfolgend geschilderten Euthanasie-Besprechungen dürfte, wenn die in obiger Anmerkung zitierte Darstellung NELIBAS stimmt, Frick bereits Unter den Linden gesessen haben.

114 Vgl. Cornelia ESSNER: Die „Nürnberger Gesetze" oder Die Verwaltung des Rassenwahns 1933–1945, Paderborn u. a. 2002, S. 113–154, 448. Hans-Christian JASCH: Staatssekretär Wilhelm Stuckart und die Judenpolitik. Der Mythos von der sauberen Verwaltung, München 2012, S. 210–213.

115 Vgl. Jürgen BEVERS: Der Mann hinter Adenauer. Hans Globkes Aufstieg vom NS-Juristen zur Grauen Eminenz der Bonner Republik, Berlin 2009, S. 25–39. Erik LOMMATZSCH: Hans Globke (1898–1973). Beamter im Dritten Reich und Staatssekretär Adenauers, Frankfurt a. M./New York 2009, insbes. S. 65–75.

116 Dok. 204, in: Wolf GRUNER (Bearb.): Die Verfolgung und Ermordung der europäischen Juden durch das nationalsozialistische Deutschland 1933–1945. Bd. 1: Deutsches Reich 1933–1937, München 2008, S. 511. Zweites Zitat Ebd., Anm. 4, S. 510. „In der Frage der Menschenrechte versagte die Gesandtschaft in Berlin [...] völlig." SCHWARTZ: Schweizerische Botschaft, S. 49.

117 So Hitler, zit. n.: Joachim FEST: Speer. Eine Biographie, Berlin 1999, S. 108.

118 Vgl. Edb., S. 102f. Albert SPEER: Erinnerungen, Frankfurt a. M./Berlin/Wien 1969, S. 170–172, Abb. nach S. 160. Bauausführungsplan 1940 in: Susanne WILLEMS: Der entsiedelte Jude. Albert Speers Wohnungsmarktpolitik für den Berliner Hauptstadtbau, Berlin 2002, S. 156. Fassung 1942 in: Hans J. REICHHARDT/Wolfgang SCHÄCHE: Von Berlin nach Germania. Über die Zerstörungen der Reichshauptstadt durch Albert Speers Neugestaltungsplanungen, 2., verb. u. veränd. Aufl., Berlin 1984, S. 27.

119 SPEER: Erinnerungen, S. 171.

120 So über Möhrings Entwurf Theodor GOECKE: Von den Beziehungen öffentlicher Gebäude zum modernen Stadtbilde, in: *Der Städtebau* 10 (1913), S. 23. Zum Zusammenhang der Debatte mit der Opernfrage vgl. Ebd., S. 4–8.

121 Zit. n.: Christian WELZBACHER: Die Staatsarchitektur der Weimarer Republik, Berlin 2006, S. 190. Zum Hintergrund vgl. S. 123–196, zu Mächler S. 142–146, zu Poelzig (1929) S. 189–191. Der Siegerentwurf des Wettbewerbs 1929 von Fahrenkamp und de Fries sah keinen Abriss vor, vgl. Ebd., S. 186.

122 Vgl. SPEER: Erinnerungen, S. 27.

123 SCHWARTZ: Schweizerische Botschaft, S. 52. Paul WIDMER: Die Schweizer Gesandtschaft in Berlin. Geschichte eines schwierigen Postens, Zürich 1997, S. 28–30. [2., durchges. Aufl., 1998]

124 Vgl. Sverre JERVELL: Nordmenn i Berlin. Glimt fra Berlins historie, Oslo 2007, S. 80–82. Die Norweger bezogen ihr neues Gebäude erst nach dem Krieg, da Norwegen 1940 vom Reich okkupiert wurde.

125 WILLEMS: Speers Wohnungsmarktpolitik.

126 Ebd., S. 71.

127 Zit. n.: Ebd., S. 135. Zum Hintergrund vgl. Ebd., S. 134–154, Karte S. 137.

128 Vgl. Ebd., S. 161, 170, vor allem aber WILLEMS' Zusammenfassung: Hauptstadtbau und Judenverfolgung. Die Vertreibung der Berliner Juden aus ihren Wohnungen, in: Dagmar THORAU/Gernot SCHAULINSKI (Hg.): Mythos Germania. Vision und Verbrechen, 2., aktual. u. erw. Aufl., Berlin 2016, S. 106–115.

129 WILLEMS: Speers Wohnungsmarktpolitik, S. 445. Zum Stolperstein vgl. Erik PETER: „Zwangsgeräumt und ermordet", in: *tageszeitung*, 9.6.2015.

130 Diese These WILLEMS' blieb nicht unwidersprochen: „Nicht der GBI ‚veranlasste' durch seine Räumungen, wie Willems schreibt, die Deportation der Berliner Juden, sondern diese fügte sich in die im September beschlossene ‚Evakuierung' der deutschen Juden ein", Marcus GRYGLEWSKI: Rezension zu WILLEMS: Speers Wohnungsmarktpolitik, in: Babette QUINKERT/Christoph DIECKMANN/Tatjana TÖNSMEYER (Hg.): Kooperation und Verbrechen. Formen der „Kollaboration" im östlichen Europa 1939–1945, Göttingen 2003, S. 271–273.

131 Im selben Haus, in dem bis 1938 Japans Botschaft untergebracht war, Königsplatz 4.

132 Vgl. REICHHARDT/SCHÄCHE: Berlin nach Germania, S. 74, 102. Sowie das britische Luftbild von 1941, in: WILLEMS: Hauptstadtbau, S. 104. Der Umzug der Siegessäule hatte 1938/39 stattgefunden, vgl. DETTMER: Grundsteinlegungsurkunden, S. 58–60.

133 In der Widerstandsliteratur wird gelegentlich auf die Alsenstraße in Berlin-Wannsee verwiesen. Das Berliner Adressbuch für 1943 vermerkt „Solf" in der Alsenstraße 9 im Spreebogen. Dort war zumindest bis 1938 auch der frühere Staatssekretär Arthur Zarden eingetragen. In den Memoiren von Zardens Tochter ist die Rede von „Frau Solf, die in unserem Haus in der Alsenstraße wohnte" und der „Gegend um das Kronprinzenufer", vgl. Irmgard RUPPEL: Erinnerungen, München 2009, S. 65, 67, 30. Vom Spreebogen sprechen auch Peter J. HEMPENSTALL/Paula Tanaka MOCHIDA: The Lost Man. Wilhelm Solf (1862–1936) in German History, Wiesbaden 2005, S. 198.

134 Zum erzwungenen Verkauf vgl. Philipp-Christian WACHS: Preußische Junker oder ausländische Juden? Die Bankiersfamilie Mendelssohn-Bartholdy und ihr Gut Börnicke im Jahre 1945, in: Julius H. SCHOEPS (Hg.): Enteignet durch die Bundesrepublik Deutschland. Der Fall Mendelssohn-Bartholdy, Bodenheim b. Mainz 1997, S. 30. In der Alsenstraße 3 kam bis Ende 1939 noch eine Außenstelle des „Generalbauinspektors" unter, die Bauleitungsabteilung für die „Große Halle", vgl. Johann Friedrich GEIST/Klaus KÜRVERS: Tatort Berlin, Pariser Platz. Die Zerstörung und „Entjudung" Berlins, in: AKADEMIE DER KÜNSTE (Hg.): 1945. Krieg, Zerstörung, Aufbau. Architektur und Stadtplanung 1940–1960, Berlin 1995, S. 68.

135 Vgl. HEMPENSTALL/MOCHIDA: Wilhelm Solf, S. 229. Zum Engagement Hanna und Lagi Solfs: Ebd., S. 227, sowie Gerhard RINGSHAUSEN: Widerstand und christlicher Glaube angesichts des Nationalsozialismus, 2., erw. Aufl., Berlin 2008, S. 431–470.

136 Vgl. Ebd., S. 469. Zu den häufigsten Besuchern und Kontakten zum politischen Widerstand vgl. Ebd., S. 435–441, 448–451, zu den Gesprächsthemen bei von Thadden: Ebd., S. 453–455.

137 Vgl. HEMPENSTALL/MOCHIDA: Wilhelm Solf, S. 237. Theodor Heuss an Gustav Stolper, 23.8.1945, in: Ernst Wolfgang BECKER (Hg.): Theodor Heuss. Erzieher zur Demokratie, München 2007, S. 106.

138 Vgl. Laurenz DEMPS (Hg.): Luftangriffe auf Berlin. Die Berichte der Hauptluftschutzstelle 1940–1945, Berlin 2012, S. 38, 43f., 74f.

139 Vgl. ENGEL/JERSCH-WENZEL/TREUE: Geschichtslandschaft Berlin, S. 147f., sowie „Die ‚Große Bude' gesprengt", in: *Hamburger Abendblatt*, 12.6.1957. Laut Artikel befand sich im Gebäude im Krieg noch die Wehrmachtsintendantur. In Erich KUBYS *Spiegel*-Artikel zum Kriegsende 1945 ist von einer „Zweigstelle des Innenministeriums" und „Himmlers Haus" die Rede, vgl. Erich KUBY: Die Russen in Berlin 1945, in: *Der Spiegel* 20/1965. Ursula von KARDORFF: Berliner Aufzeichnungen 1942–1945, München 1994. KARDORFF spricht 1944 vom „ehemaligen Generalstabsgebäude, in dessen Kellern jetzt die Polizei haust", vgl. Edb., S. 175.

140 Es ist unwahrscheinlich, dass er noch im Generalstabsgebäude gearbeitet hat. Von ihm existiert zwar eine Abbildung der Amtsübernahme, die im

Archiv mit „25. August 1943, Berlin Reichsinnenministerium (Königsplatz 6)" verschlagwortet wurde, in: JASCH: Staatssekretär Stuckart, S. 164. ENGEL/JERSCH-WENZEL/TREUE: Geschichtslandschaft Berlin, S. XVII, sprechen von einem Gebäude, „in dem zuletzt Heinrich Himmler sein Arbeitszimmer" hatte. Das Berliner Adressbuch allerdings vermerkt ab 1941, Stand Herbst 1940 also, für den Königsplatz: „Abbruch". Auch in der Dienststellenübersicht von HUCK wird der Königsplatz nicht erwähnt. Vgl. Jürgen HUCK: Dienststellen des Reichsministeriums des Innern 1943–1945 unter besonderer Berücksichtigung der Ausweichstellen, Koblenz 1954, in: Bundesarchiv B198/8713. Und Himmler arbeitete jetzt vor allem von der Prinz-Albrecht-Straße oder vom Sonderzug „Heinrich" aus, vgl. Stephan LEHNSTAEDT: Das Reichsministerium des Innern unter Heinrich Himmler 1943–1945, in: *Vierteljahrshefte für Zeitgeschichte* 54 (2006), S. 646f., 651f.
141 Vgl. WIDMER: Schweizer Gesandtschaft, S. 33.
142 Zit. n.: KUBY: Russen in Berlin.

Brachland an der Grenze

143 Eine Abbildung, ungefähr aus dem Blickwinkel des heutigen Kanzleramts fotografiert, findet sich in: Christoph STÖLZL (Hg.): Deutsches Historisches Museum. Ideen, Kontroversen, Perspektiven, Frankfurt a. M./Berlin 1988, S. 681. Der Königsplatz hieß seit März wieder „Platz der Republik", BAUDISCH/CULLEN: Berliner Verwaltungsbezirke, S. 113.
144 Bericht der Feuerschutzpolizei, 23.3.1942, in: Landesarchiv Berlin, B Rep 202, Nr. 4659. Bevor das Gebäude 1939 vom Reich gekauft wurde, gehörte es demselben Weingroßhändler, dem auch das Schlieffenufer 9 und In den Zelten 18 gehörten, vgl. Verkaufsgenehmigung, 25.2.1939, in: Landesarchiv Berlin, B Rep 202, Nr. 4660.
145 Vermerk auf Schadenserhebung Schlieffenufer 5, in: Landesarchiv Berlin, B Rep 202, Nr. 6318/2. S. auch Berliner Adressbuch 1934, Eintrag für Kronprinzenufer 19.
146 Schreiben vom 21.11.1949, in: Landesarchiv Berlin, B Rep 202, Nr. 6318/2.
147 Schreiben vom 9.6.1949, in: Landesarchiv Berlin, B Rep 202, Nr. 6483/2, In den Zelten 21.
148 Vgl. Senator für Finanzen an Bezirksamt Tiergarten, 22.6.1951, in: Landesarchiv Berlin, B Rep 202, Nr. 6483/2.
149 Schreiben vom 3.7.1950, in: Landesarchiv Berlin, B Rep 202, Nr. 6483/2, In den Zelten 9a.
150 Nachtragsangebot vom 26.4.1950, in: Landesarchiv Berlin, B Rep 202, Nr. 6476, Herwarthstraße.
151 Vgl. RAF-Luftaufnahme, in: Landesarchiv Berlin, F Rep. 290, Not. 4 LuA Zerstörtes Berlin, Nr. 331445.
152 Erhebung über Schäden an Gebäuden nebst Anlage, in: Landesarchiv Berlin, B Rep 202, Nr. 6318/2.
153 Vgl. REICHHARDT: Kroll, S. 153–163. Zu Klemperer vgl. Hans CURJEL: Experiment Krolloper 1927–1931, München 1975, insbes. S. 22–29. Bei der Kroll-Oper handelte es sich mittlerweile um einen 1924 eröffneten Umbau.
154 Vgl. Polizeipräsident Berlin an Bezirksamt Tiergarten, 23.7.1951, in: Landesarchiv Berlin, B Rep 202, Nr. 6547. Zum Kindermord von Charlottenburg vgl. den politisch gefärbten Artikel „Der Westberliner Kindesmord", in: *Berliner Zeitung*, 20.5.1951, und „Euer ‚Ja' gegen Kindesmörder", in: *Neues Deutschland*, 29.5.1951.
155 Verwaltungsamt ehem. Reichsgrundbesitz an Bezirksamt Tiergarten, 12.5.1952, in: Landesarchiv Berlin, B Rep 202, Nr. 4925.
156 Verwaltungsamt ehem. Reichsgrundbesitz an Bezirksamt Tiergarten, 9.3.1955, in: Landesarchiv Berlin, B Rep 202, Nr. 6476.
157 „Hauptstadt Berlin", in: *Hamburger Abendblatt*, 18.4.1957.
158 Zur Vorgeschichte vgl. Helmut GEISERT/Doris HANEBERG/Carola HEIN: Hauptstadt Berlin. Internationaler städtebaulicher Wettbewerb 1957/58, Berlin 1990, S. 20–32, 41–54.
159 „Die ‚Große Bude' gesprengt", in: *Hamburger Abendblatt*, 12.6.1957. Auch die „allerletzten" Reste der Kroll-Oper wurden nun abgeräumt, vgl. REICHHARDT: Kroll, S. 164. Die Räumungsarbeiten am Generalstabsgebäude könnten sich noch eine Weile hingezogen haben, in der Literatur findet sich als Endpunkt teils das Jahr 1958.
160 Zur maßgeblichen Rolle der amerikanischen Berlin-Beauftragten Eleanor Dulles, die jüngere Schwester des US-Außenministers und ältere des CIA-Chefs war, vgl. Steffen de RUDDER: Ein Haus macht Propaganda, in: Bernd SCHERER (Hg.): Das Haus. Die Kulturen. Die Welt. 50 Jahre. Von der Kongresshalle zum Haus der Kulturen der Welt, Berlin 2007, S. 29f. Zur Lage der Kongresshalle vgl. PAPPENHEIM: Kulturgeschichte am Tiergartenrand, S. 130, sowie http://www.histomapberlin.de/de/index.html.
161 Vgl. GEISERT/HANEBERG/HEIN: Hauptstadt Berlin, S. 59–61.
162 „Schlechte Visitenkarte hinter dem Reichstag", in: *Berliner Anzeiger*, 23.9.1965.
163 Vgl. PAPPENHEIM: Kulturgeschichte am Tiergartenrand, S. 129.
164 Vgl. SCHWARTZ: Schweizerische Botschaft, S. 61f.
165 Zit. n.: RUPPEL: Erinnerungen, S. 30. Die stattliche Wohnung, vgl. S. 13f., befand sich am Kronprinzenufer 13; in dem Haus saß später die Alexander-von-Humboldt-Stiftung. Die Zardens zogen 1932 in die Alsen- und bei Kriegsausbruch in die Gosslerstraße, vgl. Ebd., S. 57. Zur Verhandlung gegen Zarden vgl. RINGSHAUSEN: Widerstand, S. 458–464.
166 In: *Bild*, 14.6.1985, zit. n.: Matthias GREFFRATH: „Nur ja nichts Kleinliches!", in: *Die Zeit*, 11.10.1985.
167 Der Bundestag hat die Biografien der Mauertoten in der Umgebung des Reichstags gesammelt, vgl. Mauer-Mahnmal im Deutschen Bundestag, in: Deutscher Bundestag. URL: https://www.bundestag.de/blob/192026/81af807d22187b3521efad4fd3c19efb/flyer_mauertote_de-data.pdf.
168 Zit. n.: GREFFRATH: Kleinliches.
169 Vgl. STÖLZL: Deutsches Historisches Museum, S. 249. Zum städtebaulichen Kontext vgl. Krijn THIJS: West-Berliner Visionen für eine neue Mitte. Die Internationale Bauausstellung, der „Zentrale Bereich" und die „Geschichtslandschaft" an der Mauer (1981–1985), in: *Zeithistorische Forschungen* 11 (2014), S. 235–261.
170 Vgl. Karl-Heinz KRÜGER: „Ich lerne langsam Dich zu hassen", in: *Der Spiegel* 33/1983.
171 Vgl. Helmut KOHL: Erinnerungen 1982–1990, München 2005, S. 631.
172 Zit. n.: STÖLZL: Deutsches Historisches Museum, S. 250. Das „Tempodrom", ein legendärer Veranstaltungsort der West-Berliner Musikszene, war 1985

neben die Kongresshalle gezogen. 1999 musste es abermals umziehen. Seit 2002 befindet sich neben der Kongresshalle, unweit des verschwundenen Kroll-Etablissements, das „Tipi am Kanzleramt".

173 Vgl. Wolf Jobst SIEDLER: „Zurück zur Stadtmitte", in: *Frankfurter Allgemeine Zeitung*, 29.5.1985.

174 So die teils indirekte Wiedergabe der Begründung in: „Deutsches Historisches Museum wird in Nähe des Reichstagsgebäudes gebaut", in: *Tagesspiegel*, 13.6.1985.

175 Bundesbauminister Oscar Schneider, zit. n.: STÖLZL: Deutsches Historisches Museum, S. 670. Dort findet sich auch der historische Abriss, der den Architekten in die Hand gedrückt wurde, vgl. Ebd., S. 672–685.

Nach der Wiedervereinigung

176 „Schultes Entwurf [...] ist der architektonisch raffinierteste, unerhört reich an räumlichen Ideen, intelligent verschachtelt, voll von visuellen Erlebnissen (mit Teich und Himmelblick), laut Jury ‚hervorragend organisiert' und von dermaßen ‚suggestiver Eindringlichkeit', daß die Museumsleute offenbar Angst davor bekamen. [...] Der Entwurf, auch einer langen hohen, von Bäumen gesäumten Begrenzungsmauer gegen den Platz der Republik zum Trotz, ist unter den ersten dreien der wohlgeratenste", Manfred SACK: Klötzchenspiel für die Geschichte, in: *Die Zeit*, 17.6.1988. Den Ort beschreibt er als den „städtebaulich attraktivsten, politisch empfindlichsten Flecken, den Berlin noch frei hat".

177 Vgl. KOHL: Erinnerungen, S. 631, 634. Der Stand der Planungen 1989 dargestellt in: Alberto FERLENGA (Hg.): Deutsches Historisches Museum Berlin: Aldo Rossis Entwurf im Gefüge der Kunstforen, Stuttgart 1991, S. 75–114, grafisch S. 74f.

178 So Peter Conradi, zit. n.: Nino GALETTI: Der Bundestag als Bauherr in Berlin. Ideen, Konzepte, Entscheidungen zur politischen Architektur (1991–1998), Düsseldorf 2008, S. 226, 247f. Der Entwurf Braunfelds für das heutige Paul-Löbe-Haus ist durchaus eine Antwort auf diese Debatte, vgl. Ebd., S. 290. Zu den Reaktionen auf Schultes Entwurf vgl. Heinrich WEFING: Kulisse der Macht. Das Berliner Kanzleramt, Stuttgart/München 2001, S. 62–75. Anfangs wurde der Begriff „Spur des Bundes" verwendet.

179 Vgl. WEFING: Berliner Kanzleramt, S. 65. Kohl sprach zum Jahreswechsel 1991/92 im Ältestenrat von einer möglichst fußläufigen Entfernung vom Reichstag. Er wünschte sich den Standort schräg gegenüber, der Bundesrat könne sich dann direkt gegenüber dem Reichstag ansiedeln. Die Entscheidung für die Ansiedlung des Kanzleramts am Spreebogen fiel im Dezember 1992, der Juryentscheid des „Städtebaulichen Ideenwettbewerbs für den Spreebogen" für Schultes/Frank im Februar und Juni 1993, vgl. GALETTI: Bundestag als Bauherr, S. 119, 166, 208, 246f.

180 Ebd., S. 104.

181 Vgl. WEFING: Berliner Kanzleramt, S. 108–113. Zur Fernsehumfrage im März 1995: Ebd., S. 132.

182 Buchtitel des britischen Schriftstellers John le Carré. Der Spionageroman „A Small Town in Germany", der in der Bundeshauptstadt Bonn spielt, erschien 1968 in Großbritannien und in deutscher Übersetzung.

183 Jürgen LEINEMANN: „Auf vergiftetem Boden", in: *Der Spiegel* 8/1995.

184 Zit. n.: STIFTUNG HAUS DER GESCHICHTE DER BUNDESREPUBLIK DEUTSCHLAND (Hg.): Bonn – Orte der Demokratie. Der historische Reiseführer, 2., überarb. u. erg. Aufl., Berlin 2014.

185 Vgl. WEFING: Berliner Kanzleramt, S. 175.

186 Zit. n.: „Die ersten sind schon eingezogen", in: *Tagesspiegel*, 1.4.2001. REICHEL: Schwarz-Rot-Gold, S. 174f.

187 WEFING: Berliner Kanzleramt, S. 178.

188 Ebd., S. 222. „Aber denken Sie sich hinein: Sie werden das Neue, Fremde nicht mit dem Pompösen verwechseln, das selbstverständlich Großzügige nicht mit wilhelminischem Scheppern, das Großformatige nicht mit der Eitelkeit der Macht, ohnehin ja einer Macht auf Zeit. Jenseits der Identitätstümelei des neuen Berlin mit seinem neoklassizistisch durchsäuerten Seriositätsbedürfnis, jenseits der in Bonn hingenommenen Ausdrucksschwächen sucht dieser Bau einen dritten Weg, will jenseits der Komödie der Tradition und des faden Geschmacks von Stil nichts ‚Schönes', will mit räumlicher Fülle und materialer Schlichtheit Aufgabe und Hoffnung des Amtes zum Ausdruck bringen, von der mühseligen Notwendigkeit der täglichen Kompromisse bis zu der geschichtlichen Dimension, mit der das Haus sich über die Jahre aufladen wird [...] Kein Polykrates schaut hier über das beherrschte Samos hin, nein, das Volk [...] schaut hinein." Schultes beim Richtfest, zit. n.: „Aus republikeigenem Enthusiasmus", in: *Berliner Zeitung*, 23.10.1999.

189 Rede Schröders anlässlich der Veranstaltung „50 Jahre Staatsratsgebäude", in: Gerhard Schröder (6.10.2014). URL: http://gerhard-schroeder.de/2014/10/06/50-jahre-staatsratsgebaude/.

190 Zit. n.: „An die Arbeit", in: *Berliner Zeitung*, 3.5.2001. Zu Schultes Blick vgl. Axel SCHULTES: Die Intimität des Monuments, in: DERS./Charlotte FRANK: Kanzleramt Berlin, Stuttgart/London 2002, S. 75–82.

191 Zit. n.: http://www.zeit.de/reden/bildung_und_kultur/ball_flach_halten_schroeder. Dort findet sich auch das Schröder-Zitat: „Ich habe in der Tat gesagt, dass mir der Bau wuchtig erscheine, in seiner Gesamtheit vielleicht ein bisschen zu groß für seinen Platz in der Mitte der Hauptstadt. Aber wenn manche Kritiker schon heute ausmalen, der Bundeskanzler könnte Skylobby, Galerie und Freitreppen zu Auftritten nutzen wie sonst nur Show- und Filmstars, kann ich nur dringend empfehlen: Lasst uns den Ball flach halten. Und meine Scheu vor Auftritten und Publicity ist ja sprichwörtlich."

192 Der Einzug soll nicht zuletzt eine Frage der Mietkosten gewesen sein, vgl. Gregor SCHÖLLGEN: Gerhard Schröder. Die Biographie, München 2015.

193 An das Institut für Sexualwissenschaft erinnern eine Informationstafel jenseits der Spree (Magnus-Hirschfeld-Ufer), eine Gedenktafel im Tiergarten sowie die „Hirschfeld-Bar" im Haus der Kulturen der Welt. Für Recha Tobias und Karl Giese gibt es Stolpersteine in der John-Foster-Dulles-Allee 10. Für Bettina von Arnim gab es bis zum Umbau eine Gedenktafel im Haus der Kulturen der Welt.

194 Vgl. SCHWARTZ: Schweizerische Botschaft, S. 81–91.

195 Zit. n.: Queen is shown former Berlin wall location by Angela Merkel, in: BBC (24.6.2015). URL: http://www.bbc.com/news/world-europe-33261547.

AFFLERBACH, Holger: Falkenhayn. Politisches Denken und Handeln im Kaiserreich, München ²1996.

AGSTNER, Rudolf: 130 Jahre Österreichische Botschaft Berlin. Von der Moltkestraße zur Stauffenbergstraße. Handbuch der Vertretungsbehörden von Österreich (-Ungarn) in Deutschland seit 1720, Berlin/Wien 2003.

ARCHITEKTENVEREIN ZU BERLIN (Hg.): Berlin und seine Bauten. Bd. 1: Einleitendes Ingenieurwesen, Berlin 1877.

DERS. (Hg.): Berlin und seine Bauten. Bd. 2/3: Der Hochbau, Berlin 1896.

BAUDISCH, Rosemarie/Michael S. CULLEN: Geschichte der Berliner Verwaltungsbezirke. Bd. 9: Tiergarten, Berlin 1991.

BAUER, Frank: Napoleon in Berlin. Preußens Hauptstadt unter französischer Besatzung 1806–1808, Berlin 2006.

BECKER, Ernst Wolfgang (Hg.): Theodor Heuss. Erzieher zur Demokratie, München 2007.

BECKER, Heinz: Die Beer'sche Villa. Porträt eines Berliner Wohnhauses, in: Berlin in Geschichte und Gegenwart. Jahrbuch des Landesarchivs Berlin 1990, Berlin 1990, S. 61–86.

BENZ, Wolfgang/Barbara DISTEL (Hg.): Der Ort des Terrors. Geschichte der nationalsozialistischen Konzentrationslager. Bd. 2: Frühe Lager, Dachau, Emslandlager, München 2005.

BEVERS, Jürgen: Der Mann hinter Adenauer. Hans Globkes Aufstieg vom NS-Juristen zur Grauen Eminenz der Bonner Republik, Berlin 2009.

BLÜMM, Anke: Rezension zu Christian WELZBACHER (Hg.): Der Reichskunstwart. Kulturpolitik und Staatsinszenierung in der Weimarer Republik 1918–1933, Weimar 2010, in: H-Soz-Kult, 26.10.2011.

BLUNCK, Jürgen: Wilhelm Beer. Genius der Astronomie und Ökonomie 1797–1850, Wiesbaden 1997.

BORCHARDT, Rudolf: Rudolf Borchardts Leben von ihm selbst erzählt, Frankfurt a. M. 2002.

BRAMMER, Karl: Fünf Tage Militärdiktatur. Dokumente zur Gegenrevolution, Berlin 1920.

BROGI, Susanna: Der Tiergarten in Berlin – ein Ort der Geschichte. Eine kultur- und literaturhistorische Untersuchung, Würzburg 2009.

BRÜCKNER, Hilmar-Detlef: Die Nachrichtenoffiziere (N. O.) der Sektion/ Abteilung IIIb des Großen Generalstabes der preußisch-deutschen Armee 1906–1918, in: Jürgen W. SCHMIDT (Hg.): Geheimdienste, Militär und Politik in Deutschland, Ludwigsfelde 2008.

CLARK, Christopher: The Sleepwalkers. How Europe went to War in 1914, London 2012. [Auf Deutsch: Die Schlafwandler. Wie Europa in den Ersten Weltkrieg zog, München 2015.]

CRON, Hermann: Die Organisation des deutschen Heeres im Weltkriege, Berlin 1923.

CULLEN, Michael S.: Das Palais Raczynski, in: Berlin in Geschichte und Gegenwart. Jahrbuch des Landesarchivs Berlin 1984, Berlin 1984, S. 25–48.

DERS.: Platz der Republik. Vom Exerzierplatz zum Regierungsviertel, in: LANDESARCHIV BERLIN: Platz der Republik vom Exerzierplatz zum Regierungsviertel, Berlin 1992.

DERS.: Der Reichstag. Symbol deutscher Geschichte, Berlin 2015.

CURJEL, Hans: Experiment Krolloper 1927–1931, München 1975.

DEMPS, Laurenz: Wo soll der Reichspräsident seinen Amtssitz haben?, in: *Berlinische Monatsschrift* 6 (2000), S. 91–95.

DERS. (Hg.): Luftangriffe auf Berlin. Die Berichte der Hauptluftschutzstelle 1940–1945, Berlin 2012.

DETTMER, Klaus: Die Grundsteinlegungsurkunden der Siegessäule. Drei Begründungen für ihren Bau und eine für ihren Standortwechsel, in: Berlin in Geschichte und Gegenwart. Jahrbuch des Landesarchivs Berlin 1984, Berlin 1984, S. 49–70.

DOEGE, Hans-Peter: Ein Erbspicknick „In den Zelten", in: *Berlinische Monatsschrift* 11 (1999), S. 11–20.

EHLERT, Hans/Michael EPKENHANS/Gerhard P. GROSS (Hg.): Der Schlieffenplan. Analysen und Dokumente, Paderborn 2006.

ENGEL, Gerhard (Hg.) u. a.: Groß-Berliner Arbeiter- und Soldatenräte in der Revolution 1918/19. Dokumente der Vollversammlungen und des Vollzugsrates, Berlin 1993.

ENGEL, Helmut/Stefi JERSCH-WENZEL/Wilhelm TREUE: Geschichtslandschaft Berlin. Orte und Ereignisse. Bd. 2.1: Vom Brandenburger Tor zum Zoo, Berlin 1989.

ERFURTH, Waldemar: Die Geschichte des deutschen Generalstabes von 1918 bis 1945, 2., neubearb. u. erw. Aufl., Göttingen/Berlin/Frankfurt a. M. 1960.

ESSNER, Cornelia: Die „Nürnberger Gesetze" oder Die Verwaltung des Rassenwahns 1933–1945, Paderborn u. a. 2002.

FERLENGA, Alberto (Hg.): Deutsches Historisches Museum Berlin: Aldo Rossis Entwurf im Gefüge der Kunstforen, Stuttgart 1991.

FEST, Joachim: Speer. Eine Biographie, Berlin 1999.

FONTANE, Theodor: Der Stechlin, München 1982. Erstausgabe: 1898.

FREYTAG-LORINGHOVEN, Hugo Friedrich von: Menschen und Dinge, wie ich sie in meinem Leben sah, Berlin 1923.

Fünfundzwanzig Jahre Schauspielschule des Deutschen Theaters zu Berlin 1905–1930. Eine Festschrift, Berlin 1930.

GALETTI, Nino: Der Bundestag als Bauherr in Berlin. Ideen, Konzepte, Entscheidungen zur politischen Architektur (1991–1998), Düsseldorf 2008.

GEISERT, Helmut/Doris HANEBERG/Carola HEIN: Hauptstadt Berlin. Internationaler städtebaulicher Wettbewerb 1957/58, Berlin 1990.

GEIST, Johann Friedrich/Klaus KÜRVERS: Tatort Berlin, Pariser Platz. Die Zerstörung und „Entjudung" Berlins, in: AKADEMIE DER KÜNSTE (Hg.): 1945. Krieg, Zerstörung, Aufbau. Architektur und Stadtplanung 1940–1960, Berlin 1995, S. 55–118.

GENSKE, Dieter D./Ernest HESS-LÜTTICH: Wo steht das Kanzleramt? Der Spreebogen – eine raum-zeitliche Spurensuche, Berlin 2004.

GOECKE, Theodor: Von den Beziehungen öffentlicher Gebäude zum modernen Stadtbilde, in: *Der Städtebau* 10 (1913), S. 21–23.

GÖRLITZ, Walter: Kleine Geschichte des deutschen Generalstabes, Berlin ^{2}1977.

GÖRTEMAKER, Manfred: Orte der Demokratie. Ein historisch-politischer Wegweiser durch Berlin, Berlin 2004.

GRUBER, Sabine/Ulrich OTT (Hg.): Harry Graf Kessler. Das Tagebuch 1880–1937. Bd. 9: 1926–1937, Stuttgart 2010.

GRUNER, Wolf (Bearb.): Die Verfolgung und Ermordung der europäischen Juden durch das nationalsozialistische Deutschland 1933–1945. Bd. 1: Deutsches Reich 1933–1937, München 2008.

GRYGLEWSKI, Marcus: Rezension zu Susanne WILLEMS: Speers Wohnungsmarktpolitik, in: Babette QUINKERT/Christoph DIECKMANN/ Tatjana TÖNSMEYER (Hg.): Kooperation und Verbrechen. Formen der „Kollaboration" im östlichen Europa 1939–1945, Göttingen 2003, S. 271–273.

HÄRTL, Heinz/Ulrike LANDFESTER/Sibylle von STEINSDORFF (Hg.): Bettine von Arnim. Werke und Briefe in vier Bänden, Bd. 4, Frankfurt a. M. 2004.

HEMPENSTALL, Peter J./Paula Tanaka MOCHIDA: The Lost Man. Wilhelm Solf (1862–1936) in German History, Wiesbaden 2005.

HILDEBRAND, Klaus: Das vergangene Reich. Deutsche Außenpolitik von Bismarck bis Hitler, Stuttgart ^{2}1996.

HÜRTEN, Heinz (Bearb.): Zwischen Revolution und Kapp-Putsch. Militär und Innenpolitik 1918–1920, Düsseldorf 1977.

JASCH, Hans-Christian: Staatssekretär Wilhelm Stuckart und die Judenpolitik. Der Mythos von der sauberen Verwaltung, München 2012.

JERVELL, Sverre: Nordmenn i Berlin. Glimt fra Berlins historie, Oslo 2007.

JESERICH, Kurt/Hans POHL/Georg-Christoph von UNRUH (Hg.): Deutsche Verwaltungsgeschichte. Bd. 4: Das Reich als Republik und in der Zeit des Nationalsozialismus, Stuttgart 1985.

JESSEN, Olaf: Die Moltkes. Biographie einer Familie, München 2010.

KARDORFF, Ursula von: Berliner Aufzeichnungen 1942–1945, München 1994.

KENNAN, George F.: The Decline of Bismarck's European Order. Franco-Russian Relations 1875–1890, Princeton 1979.

KLEIN, Hans-Günther: Miszellen zu Ernst und Paul von Mendelssohn-Bartholdy, in: Mendelssohn-Studien. Beiträge zur neueren deutschen Kultur- und Wirtschaftsgeschichte 11 (1999), S. 207–214.

KOENIGSWALD, Harald von: Das verwandelte Antlitz, Berlin 1938.

KOHL, Helmut: Erinnerungen 1982–1990, München 2005.

KÖNNEMANN, Erwin/Gerhard SCHULZE (Hg.): Der Kapp-Lüttwitz-Ludendorff-Putsch. Dokumente, München 2002.

KRIEGSGESCHICHTLICHE ABTEILUNG I DES GROSSEN GENERALSTABS (Hg.): Die Kämpfer der deutschen Truppen in Südwestafrika. Bd. 1: Der Feldzug gegen die Hereros, Berlin 1906.

KROENER, Bernhard R.: Militär, Staat und Gesellschaft im 20. Jahrhundert (1890–1990), München 2011.

KRÜGER, Arnd/Rolf PFEIFFER: Theodor Lewald und die Instrumentalisierung von Leibesübungen und Sport, in: Uwe WICK/Andreas HÖFER (Hg.): Willibald Gebhardt und seine Nachfolger. Sport und Olympia in Deutschland bis 1933, Aachen 2012, S. 120–145.

KUHRAU, Sven/Kurt WINKLER (Hg.): Juden Bürger Berliner. Das Gedächtnis der Familie Beer – Meyerbeer – Richter, Leipzig 2004.

LASER, Kurt: Die Entstehung der Filmindustrie in Berlin während des Ersten Weltkrieges, in: Berlin in Geschichte und Gegenwart. Jahrbuch des Landesarchivs Berlin 2005, Berlin 2005, S. 129–170.

LAU, Matthias: Pressepolitik als Chance. Staatliche Öffentlichkeitsarbeit in den Ländern der Weimarer Republik, Stuttgart 2003.

LEHNSTAEDT, Stephan: Das Reichsministerium des Innern unter Heinrich Himmler 1943–1945, in: *Vierteljahrshefte für Zeitgeschichte* 54 (2006), S. 639–672.

LEONHARD, Jörn: Die Büchse der Pandora. Geschichte des Ersten Weltkrieges, München 2014.

LOMMATZSCH, Erik: Hans Globke (1898–1973). Beamter im Dritten Reich und Staatssekretär Adenauers, Frankfurt a. M./New York 2009.

MAURER, Trude: Auch ein Weg als Deutscher und Jude. Hans Goslar (1889–1945), in: Julius H. SCHOEPS (Hg.): Juden als Träger bürgerlicher Kultur in Deutschland, Stuttgart/Bonn 1989, S. 193–239.

MAYER, Eugen: Skizzen aus dem Leben der Weimarer Republik. Berliner Erinnerungen, Berlin 1962.

MEISNER, Heinrich Otto (Hg.): Denkwürdigkeiten des General-Feldmarschalls Alfred Grafen von Waldersee. Bd. 1: 1832–1888, Bd. 2: 1888–1900, Berlin 1922.

MINISTERIUM FÜR WISSENSCHAFT, KUNST UND VOLKSBILDUNG (Hg.): Zentralblatt für die gesamte Unterrichtsverwaltung in Preußen 1927, Heft 1, Berlin 1927.

MOLTKE, Eliza von (Hg.): Generaloberst Helmuth von Moltke. Erinnerungen, Briefe, Dokumente 1877–1916. Ein Bild vom Kriegsausbruch, erster Kriegsführung und Persönlichkeit des ersten militärischen Führers des Krieges, Stuttgart 1922.

MOLTKE, Helmuth Karl Bernhard von: Gesammelte Schriften und Denkwürdigkeiten, Bd. 1, Berlin 1892.

MOMBAUER, Annika: Helmuth von Moltke and the Origins of the First World War, Cambridge 2001.

DIES.: Die Julikrise: Europas Weg in den Ersten Weltkrieg, München 2014.

DIES.: Julikrise und Kriegsschuld. Thesen und Stand der Forschung, in: *Aus Politik und Zeitgeschichte* 16–17 (2014), S. 10–16.

MOMMSEN, Wolfgang: 1848 – Die ungewollte Revolution, Frankfurt a. M. 1998.

NEBELIN, Manfred: Ludendorff. Diktator im Ersten Weltkrieg, Berlin 2010.

NELIBA, Günther: Wilhelm Frick. Der Legalist des Unrechtsstaates. Eine politische Biographie, Paderborn 1992.

NOSKE, Gustav: Von Kiel bis Kapp. Zur Geschichte der deutschen Revolution, Berlin 1920.

NOTZ, Werner: Das Wesendonck'sche Palais im Tiergarten, in: Der Bär von Berlin. Jahrbuch 1992 des Vereins für die Geschichte Berlins, S. 97–110.

PAPPENHEIM, Hans E.: In den Zelten – durch die Zeiten. Kulturgeschichte am Tiergartenrand 1740 bis 1960, in: Jahrbuch für brandenburgische Landesgeschichte 1963, Berlin 1963, S. 110–133.

PFLANZE, Otto: Bismarck. Der Reichskanzler, München 1998.

PIKART, Eberhard/Wolfram WERNER: Der Parlamentarische Rat 1948–1949. Akten und Protokolle. Bd. 5.1: Ausschuss für Grundsatzfragen, München 1993.

PYTA, Wolfram: Hindenburg. Herrschaft zwischen Hohenzollern und Hitler, München 2007.

RAKENIUS, Gerhard W.: Wilhelm Groener als erster Generalquartiermeister. Die Politik der Obersten Heeresleitung 1918/19, Boppard am Rhein 1977.

REDLICH, Fritz: Der Unternehmer. Wirtschafts- und sozialgeschichtliche Studien, Göttingen 1964.

REICHEL, Peter: Schwarz-Rot-Gold. Kleine Geschichte deutscher Nationalsymbole nach 1945, München 2005.

REICHHARDT, Hans J./Wolfgang SCHÄCHE: Von Berlin nach Germania. Über die Zerstörungen der Reichshauptstadt durch Albert Speers Neugestaltungsplanungen, 2., verb. u. veränd. Aufl., Berlin 1984.

DERS.: Bei Kroll 1844–1957, Berlin 1988.

REICHSMINISTERIUM DES INNERN (Hg.): Handbuch für das Deutsche Reich 1922, Berlin 1922.

DASS. (Hg.): Reichsgesetzblatt 1933 I, Berlin 1933.

REICHS- UND PREUSSISCHES MINISTERIUM DES INNERN (Hg.): Handbuch für das Deutsche Reich 1936, Berlin 1936.

RINGSHAUSEN, Gerhard: Widerstand und christlicher Glaube angesichts des Nationalsozialismus, 2., erw. Aufl., Berlin 2008.

RODENBERG, Julius: Bilder aus dem Berliner Leben, Berlin 1986.

RÖHL, John: Wilhelm II. Der Aufbau der persönlichen Monarchie 1888–1900, München 2001.

RUDDER, Steffen de: Ein Haus macht Propaganda, in: Bernd SCHERER (Hg.): Das Haus. Die Kulturen. Die Welt. 50 Jahre. Von der Kongresshalle zum Haus der Kulturen der Welt, Berlin 2007, S. 28–41.

RUHM VON OPPEN, Beate (Hg.): Dorothy von Moltke: Ein Leben in Deutschland. Briefe aus Kreisau und Berlin 1907–1934, München 1999.

RUPPEL, Irmgard: Erinnerungen, München 2009.

SCHASER, Angelika: Helene Lange und Gertrud Bäumer. Eine politische Lebensgemeinschaft, 2., durchges. u. aktual. Aufl., Köln 2010.

SCHEIDEMANN, Philipp: Der Zusammenbruch, Berlin 1921.

SCHEPER, Hinnerk (Hg.): Die Bauwerke und Kunstdenkmäler von Berlin. Bezirk Tiergarten, Berlin 1955.

SCHMÄDEKE, Jürgen: Der Deutsche Reichstag. Geschichte und Gegenwart eines Bauwerks, München 1994.

SCHMIDT, Jürgen W.: Against Russia: Department IIIb of the Deputy General Staff, Berlin, and Intelligence, Counterintelligence and Newspaper Research, 1914–1918, in: *Journal of Intelligence History* 5 (2005), S. 73–89.

SCHOEPS, Julius H.: Deutsch-jüdische Geschichte durch drei Jahrhunderte. Bd. 2: Das Erbe der Mendelssohns. Biographie einer Familie, Hildesheim/Zürich/New York 2013.

SCHÖLLGEN, Gregor: Gerhard Schröder. Die Biographie, München 2015.

SCHULTES, Axel: Die Intimität des Monuments, in: DERS./Charlotte FRANK: Kanzleramt Berlin, Stuttgart/London 2002, S. 75–100.

SCHWARTZ, Claudia: Das Haus im Nachbarland. Die Schweizerische Botschaft im Berliner Regierungsviertel, Berlin 2001.

SPEER, Albert: Erinnerungen, Frankfurt a. M./Berlin/Wien 1969.

SPRENGEL, Peter: Rudolf Borchardt. Der Herr der Worte. Eine Biographie, München 2015.

STACHELBECK, Christian: Deutschlands Heer und Marine im Ersten Weltkrieg, München 2013.

STIFTUNG HAUS DER GESCHICHTE DER BUNDESREPUBLIK DEUTSCHLAND (Hg.): Bonn – Orte der Demokratie. Der historische Reiseführer, 2., überarb. u. erg. Aufl., Berlin 2014.

DIES./BUNDESKANZLERAMT (Hg.): Die Bundeskanzler und ihre Ämter, Heidelberg 2006.

STÖLZL, Christoph (Hg.): Deutsches Historisches Museum. Ideen, Kontroversen, Perspektiven, Frankfurt a. M./Berlin 1988.

THIES, Jochen: Die Moltkes. Biografie einer Familie, München/Zürich 2012.

THIJS, Krijn: West-Berliner Visionen für eine neue Mitte. Die Internationale Bauausstellung, der „Zentrale Bereich" und die „Geschichtslandschaft" an der Mauer (1981–1985), in: *Zeithistorische Forschungen* 11 (2014), S. 235–261.

TIGGESBÄUMKER, Günter: Viktor I. Herzog von Ratibor und Fürst von Corvey, Prinz zu Hohenlohe-Schillingsfürst (1818–1893), in: *Westfälische Zeitschrift* 144 (1994), S. 265–280.

ULLRICH, Volker: Die nervöse Großmacht 1871–1918. Aufstieg und Untergang des deutschen Kaiserreichs, Frankfurt a. M. [4]2001.

WACHS, Philipp-Christian: Preußische Junker oder ausländische Juden? Die Bankiersfamilie Mendelssohn-Bartholdy und ihr Gut Börnicke im Jahre 1945, in: Julius H. SCHOEPS (Hg.): Enteignet durch die Bundesrepublik Deutschland. Der Fall Mendelssohn-Bartholdy, Bodenheim b. Mainz 1997, S. 23–47.

WEFING, Heinrich: Kulisse der Macht. Das Berliner Kanzleramt, Stuttgart/München 2001.

WEIDAUER, Astrid: Berliner Panoramen der Kaiserzeit, Berlin 1996.

WELZBACHER, Christian: Die Staatsarchitektur der Weimarer Republik, Berlin 2006.

DERS.: Monumente der Macht. Eine politische Architekturgeschichte Deutschlands 1920–1960, Berlin 2016.

WETTE, Wolfram: Gustav Noske. Eine politische Biographie, 2., unveränd. Aufl., Düsseldorf 1988.

WIDMER, Paul: Die Schweizer Gesandtschaft in Berlin. Geschichte eines schwierigen Postens, Zürich 1997.

WILHELMY, Petra: Der Berliner Salon im 19. Jahrhundert (1780–1914), Berlin/New York 1989.

WILLEMS, Susanne: Der entsiedelte Jude. Albert Speers Wohnungsmarktpolitik für den Berliner Hauptstadtbau, Berlin 2002.

DIES.: Hauptstadtbau und Judenverfolgung. Die Vertreibung der Berliner Juden aus ihren Wohnungen, in: Dagmar THORAU/Gernot SCHAULINSKI (Hg.): Mythos Germania. Vision und Verbrechen, 2., aktual. u. erw. Aufl., Berlin 2016, S. 106–115.

WINKLER, Heinrich August: Der lange Weg nach Westen, Bd. 1, München 2000.

ZSCHOCKE, Helmut: Die Berliner Akzisemauer. Die vorletzte Mauer der Stadt, Berlin 2007.

Bildnachweis

Adlerschmidt kommunikationsdesign Berlin: S. 8 rechts und 13 (Ausschnitte)
Anne Frank Zentrum, Berlin: S. 90 unten (Foto: Mandy Klötzer) (Ausschnitt)
akg-images, Berlin: S. 6 Mitte, 7 oben akg-images/sputnik (Foto: Jewgeni Tichanow) (Ausschnitt), 19 akg/Science Photo Library (Ausschnitt), 22 unten, 32/33, 36 links (Ausschnitt), 62, 66/67 akg-images/sputnik (Foto: Jewgeni Tichanow), 69, 74, 85 unten akg-images (Foto: Florian Profitlich), 87 unten akg-images (Foto: Reimer Wulf), 88 akg-images (Foto: Reimer Wulf)
Album von Berlin, Globus Verlag, Berlin: S. 34
Architekturmuseum der Technischen Universität Berlin: S. 58 (Inv. Nr. 9066), 59 oben (Inv. Nr. HP 0034, 001), 59 unten (Inv. Nr. 8093)
Architektenverein zu Berlin (Hg.): Berlin und seine Bauten. Bd. 2/3: Der Hochbau, Berlin 1896, S. 404: S. 31
Axel Schultes Charlotte Frank, Berlin: S. 84
Berliner Adreßbuch für das Jahr 1914, Erster Band, III. Teil, S. 482. Digitalisiert durch die Zentral- und Landesbibliothek Berlin. URL: http://nbn-resolving.de/urn:nbn:de:kobv:109-1-2890334: S. 26 (Ausschnitt)
Berliner Adreßbuch für das Jahr 1940, Erster Band, IV. Teil, S. 21. Digitalisiert durch die Zentral- und Landesbibliothek Berlin. URL: http://nbn-resolving.de/urn:nbn:de:kobv:109-1-4347578: S. 60 (Ausschnitt)
bpk-Bildagentur, Berlin: S. 6 oben bpk/Hermann Buresch (Ausschnitt), 8 links und 9 bpk/Staatsbibliothek zu Berlin (Ausschnitte), 16/17 bpk/Hermann Buresch, 20, 21, 36 Mitte (Ausschnitt), 36 rechts (Ausschnitt), 40, 42 bpk/adoc-Photos (Ausschnitt), 43 links (Foto: Willy Römer), 43 rechts, 49 bpk/Kunstbibliothek, SMB, Photothek Willy Römer (Foto: Walter Stiehr), 53 (Ausschnitt), 57 bpk/Heinrich Hoffmann, 65 bpk/Kunstbibliothek, SMB (Foto: Willy Römer), 71 bpk/Kunstbibliothek, SMB (Foto: Willy Römer), 72 bpk (Foto: Carl Weinrother), 76
Bundesbaudirektion Berlin: S. 78
Deutsche Bundespost 1974: S. 47
dpa Picture Alliance: Einband: Picture Alliance/dpa-Zentralbild (Foto: Heinz Krimmer), S. 2 Picture Alliance/Global Travel Images (Ausschnitt), 4 dpa-report (Ausschnitt), 54 picture alliance/akg-images (Ausschnitt), 85 oben dpa- Fotoreport
Hans- und Luise-Richter-Stiftung – Stadtmuseum Berlin: S. 18 links (Reproduktion: Oliver Ziebe, Berlin) (Ausschnitt)
Hartung, Chris, Berlin: S. 61
Landesarchiv Berlin: S. 73 (B Rep.202 Nr. 4925, Brief vom 9. 9. 1952)
Landesarchiv Berlin, Fotosammlung: S. 77, 79 (Fotos: Edmund Kaperski)
Landesarchiv Berlin, Histomap Berlin: S. 24 (Ausschnitt)
Müller, Stefan, Berlin: S.7 unten (Ausschnitt), 80/81
Pharus Plan, Berlin: S. 8 Mitte und 11 (Ausschnitte)
Pick-Goslar, Hannah, Jerusalem: S. 52
Presse- und Informationsamt der Bundesregierung, Berlin: S. 15 (Foto: Andrea Bienert)
Reichsministerium des Innern (Hg.): Handbuch für das Deutsche Reich 1922, Berlin 1922: S. 46
Stiftung Stadtmuseum Berlin: S. 18 rechts (Reproduktion: Michael Setzpfandt, Berlin) (Ausschnitt)
SZ-Photo/Süddeutsche Zeitung Photo, München: S. 6 unten (Ausschnitt), 41, 50/51 (Ausschnitt)
ullstein bild, Berlin: S. 22 oben, 23 ullstein bild/Gircke, 27, 28 (Ausschnitt), 29, 38 ullstein bild – Berliner Illustrations Gesellschaft, 45 (Foto: Paul Mai), 55, 56 ullstein bild – Süddeutsche Zeitung Photo/Scherl, 63 ullstein bild – Sputnik, 75 ullstein bild (Foto: Alex Waidmann) (Ausschnitt), 82 ullstein bild – Langrock, 87 oben ullstein bild – P/F/H, 89 ullstein bild – Giribas, 90/91 ullstein bild – Haddenhorst, 92 ullstein bild (Foto: Christian Bach) (Ausschnitt), 93 ullstein bild – Reuters/POOL, 94 ullstein bild (Foto: Müller-Stauffenberg), 95 ullstein bild – Rex Features/Tim Rooke Shutterstock
Vossische Zeitung vom 26.10.1926. Digitalisiert durch die Staatsbibliothek zu Berlin- Preußischer Kulturbesitz. URL: http://zefys.staatsbibliothek-berlin.de/list/title/zdb/27112366/: S. 48

© Zabaluga-Leku/ VG Bild-Kunst, Bonn 2017: S.15 Chillida, Eduardo: Skulptur „Berlin“ vor dem Bundeskanzleramt

Alle Bilder, für die die Stiftung Haus der Geschichte der Bundesrepublik Deutschland Nutzungsrechte bei externen Rechteinhabern eingeholt hat, sind im Bildnachweis aufgeführt. Sollten trotz sorgfältiger Prüfung Rechtsansprüche Dritter berührt sein, bitten wir um eine entsprechende Mitteilung.

Einband:
Blick über die von 1886 bis 1891 errichtete Moltkebrücke auf das Bundeskanzleramt, Fotografie von 2010.

Impressum

Autor	DR. MATTHIAS HANNEMANN Jahrgang 1975, Historiker und Journalist, schreibt u. a. für die *Frankfurter Allgemeine Zeitung* und *brand eins*.
Herausgeber	Stiftung Haus der Geschichte der Bundesrepublik Deutschland, Bonn Die Beauftragte der Bundesregierung für Kultur und Medien
Präsident	Prof. Dr. Hans Walter Hütter
Redaktion	Bettina Citron, Petra Rösgen
Bildredaktion	Bettina Citron
Redaktionsassistenz	Lisa Kemle
Korrektorat	Katrin Günther, Berlin
Gestaltung	Schleiner + Partner Kommunikation, Freiburg
Druck	Imprimerie Centrale, Luxemburg
Auflage	1. Auflage © 2017 Stiftung Haus der Geschichte der Bundesrepublik Deutschland, Bonn Alle Rechte, insbesondere das Recht auf Vervielfältigung und Verbreitung sowie Übersetzung, vorbehalten. Kein Teil dieses Werkes darf in irgendeiner Form ohne schriftliche Genehmigung reproduziert oder unter Verwendung elektronischer Systeme verarbeitet, vervielfältigt oder verbreitet werden. ISBN: 978-3-937086-25-5